Glückliche Partnerschaft – praktische Tipps und Übungen für jeden Tag

ALEXANDER ARMIN

INHALTSVERZEICHNIS

1
Grundlagen der gesunden Kommunikation

1.1 Die Bedeutung von Kommunikation in Beziehungen

Kommunikation ist das Herzstück jeder Beziehung und spielt eine entscheidende Rolle für deren Erfolg oder Misserfolg. In einer Zeit, in der viele Paare mit Stress, Zeitmangel und unterschiedlichen Lebensstilen konfrontiert sind, wird die Fähigkeit zur offenen und ehrlichen Kommunikation umso wichtiger. Sie ermöglicht es Partnern, ihre Bedürfnisse, Wünsche und Ängste auszudrücken und Missverständnisse zu vermeiden.

Ein zentraler Aspekt der Kommunikation in Beziehungen ist die aktive Zuhörfähigkeit. Oft neigen Menschen dazu, während des Gesprächs nicht wirklich zuzuhören, sondern sich bereits auf ihre Antwort vorzubereiten. Aktives Zuhören bedeutet jedoch, dem Partner volle Aufmerksamkeit zu schenken und dessen Perspektive ernsthaft zu verstehen. Dies fördert nicht nur das Vertrauen zwischen den Partnern, sondern zeigt auch Wertschätzung für die Gedanken und Gefühle des anderen.

Darüber hinaus ist nonverbale Kommunikation ein oft übersehener Bestandteil der zwischenmenschlichen Interaktion. Körpersprache, Mimik und Gestik können oft mehr sagen als Worte selbst. Ein einfaches Lächeln oder ein beruhigender Blick kann Spannungen abbauen und eine tiefere Verbindung schaffen. Paare sollten sich bewusst sein, wie sie nonverbal kommunizieren und welche Botschaften sie damit senden.

Ein weiterer wichtiger Punkt ist die Fähigkeit zur Konfliktlösung durch konstruktive Kommunikation. Konflikte sind unvermeidlich in jeder Beziehung; entscheidend ist jedoch, wie diese angegangen werden. Anstatt Vorwürfe zu machen oder defensiv zu reagieren, sollten Paare lernen, ihre Gefühle klar auszudrücken und gemeinsam nach Lösungen zu suchen. Dies erfordert Geduld sowie Empathie und kann letztendlich die Bindung stärken.

Zusammenfassend lässt sich sagen, dass effektive Kommunikation nicht nur dazu beiträgt, Missverständnisse zu klären, sondern auch das emotionale Band zwischen Partnern vertieft. Indem Paare aktiv an ihrer Kommunikationsfähigkeit arbeiten – sei es durch Übungen oder bewusste Reflexion – können sie eine gesunde Grundlage für ihre Beziehung schaffen.

1.2 Missverständnisse vermeiden

Missverständnisse sind in zwischenmenschlichen Beziehungen häufig und können zu Konflikten führen, die das Vertrauen und die Bindung zwischen Partnern beeinträchtigen. Um diese Missverständnisse zu vermeiden, ist es entscheidend, eine klare und präzise Kommunikation zu pflegen. Dies beginnt bereits bei der Wortwahl: Unklare oder mehrdeutige Ausdrücke können leicht falsch interpretiert werden. Daher sollten Paare darauf achten, ihre Gedanken so klar wie möglich auszudrücken.

Ein weiterer wichtiger Aspekt ist das aktive Zuhören. Oft hören Menschen nur mit einem Ohr zu, während sie gleichzeitig darüber nachdenken, was sie als Nächstes sagen wollen. Aktives Zuhören bedeutet jedoch, dem Gesprächspartner volle Aufmerksamkeit zu schenken und dessen Aussagen wirklich zu verstehen. Dies kann durch Rückfragen geschehen, die zeigen, dass man interessiert ist und den anderen ernst nimmt. Beispielsweise könnte man sagen: „Wenn ich dich richtig verstehe, meinst du…?" Solche Fragen helfen nicht nur dabei, Klarheit zu schaffen, sondern fördern auch ein Gefühl der Wertschätzung.

Zusätzlich spielt nonverbale Kommunikation eine entscheidende Rolle beim Vermeiden von Missverständnissen. Körpersprache kann oft mehr ausdrücken als Worte selbst; ein unpassender Gesichtsausdruck oder eine abweisende Haltung kann die Botschaft eines freundlichen Gesprächs untergraben. Paare sollten sich bewusst sein, wie ihre Körpersprache wahrgenommen wird und welche Signale sie senden.

Ein weiterer hilfreicher Ansatz zur Vermeidung von Missverständnissen ist die Zusammenfassung des Gesagten am Ende eines Gesprächs. Indem beide Partner das Gehörte zusammenfassen und bestätigen, dass sie auf derselben Seite stehen, können potenzielle Missverständnisse sofort geklärt werden. Diese Technik fördert nicht nur das Verständnis, sondern stärkt auch das Gefühl der Zusammenarbeit in der Beziehung.

Zusammenfassend lässt sich sagen, dass die Vermeidung von Missverständnissen in Beziehungen durch klare Kommunikation, aktives Zuhören sowie bewusste nonverbale Signale erreicht werden kann. Indem Paare diese Fähigkeiten entwickeln und anwenden, schaffen sie eine solide Grundlage für eine harmonische Beziehung.

1.3 Bedürfnisse klar ausdrücken

Die Fähigkeit, Bedürfnisse klar auszudrücken, ist ein zentraler Bestandteil gesunder Kommunikation in zwischenmenschlichen Beziehungen. Wenn Menschen ihre Wünsche und Anforderungen deutlich formulieren, wird Missverständnissen vorgebeugt und die Wahrscheinlichkeit von Konflikten verringert. Klare Ausdrucksweise fördert nicht nur das Verständnis, sondern auch das Gefühl der Wertschätzung zwischen den Partnern.

Ein wichtiger Aspekt beim Ausdrücken von Bedürfnissen ist die Verwendung von „Ich-Botschaften". Diese Formulierung lenkt den Fokus auf die eigenen Empfindungen und Gedanken, anstatt dem Gegenüber Vorwürfe zu machen. Beispielsweise könnte man sagen: „Ich fühle mich überfordert, wenn ich die Hausarbeit alleine erledigen muss" anstelle von „Du machst nie etwas im Haushalt". Solche Formulierungen helfen dabei, eine defensive Reaktion des Gesprächspartners zu vermeiden und fördern eine offene Diskussion über Lösungen.

Darüber hinaus ist es hilfreich, konkrete Beispiele oder Situationen anzuführen, um die eigenen Bedürfnisse greifbarer zu machen. Anstatt allgemein zu sagen: „Ich brauche mehr Unterstützung", könnte man präzisieren: „Es wäre mir wichtig, dass du mir am Wochenende bei den Einkäufen hilfst." Diese Klarheit ermöglicht es dem Partner, besser nachzuvollziehen, was genau gewünscht wird und wie er darauf reagieren kann.

Ein weiterer entscheidender Punkt ist der Zeitpunkt und der Rahmen für solche Gespräche. Es ist ratsam, sensible Themen in einem ruhigen Moment anzusprechen, wenn beide Partner offen für einen Dialog sind. Stressige oder emotionale Situationen können dazu führen, dass Botschaften missverstanden werden oder nicht richtig ankommen.

Zusammenfassend lässt sich sagen, dass das klare Ausdrücken von Bedürfnissen durch Ich-Botschaften sowie durch konkrete Beispiele wesentlich zur Verbesserung der Kommunikation beiträgt. Indem Paare diese Techniken anwenden und geeignete Zeitpunkte wählen, schaffen sie eine Atmosphäre des Vertrauens und der Offenheit in ihrer Beziehung.

2
Praktische Übungen für den Alltag

2.1 Einfache Übungen zur Stärkung der Bindung

In einer Zeit, in der Beziehungen oft durch Stress und Alltagshektik belastet werden, ist es entscheidend, einfache und effektive Übungen zu finden, die die Bindung zwischen Partnern stärken. Diese Übungen sind nicht nur leicht umsetzbar, sondern auch darauf ausgelegt, das Verständnis und die Intimität zu fördern. Sie bieten Paaren die Möglichkeit, sich auf eine spielerische Weise näherzukommen und ihre Beziehung aktiv zu gestalten.

Eine der effektivsten Übungen ist das tägliche „Dankbarkeitsritual". Hierbei nehmen sich beide Partner jeden Abend einige Minuten Zeit, um einander drei Dinge zu nennen, für die sie dankbar sind. Dies fördert nicht nur positive Gefühle, sondern hilft auch dabei, den Fokus auf das Gute in der Beziehung zu lenken. Indem Paare regelmäßig Dankbarkeit ausdrücken, schaffen sie eine Atmosphäre des Respekts und der Wertschätzung.

Eine weitere wertvolle Übung ist das „Woche der Komplimente". In dieser Woche verpflichtet sich jeder Partner dazu, dem anderen täglich ein ehrliches Kompliment zu machen. Dies kann von einem einfachen „Du siehst heute toll aus" bis hin zu tiefgründigeren Aussagen wie „Ich schätze deine Unterstützung in schwierigen Zeiten" reichen. Solche positiven Rückmeldungen stärken das Selbstwertgefühl des Partners und vertiefen die emotionale Verbindung.

Zudem kann das gemeinsame Erleben von neuen Aktivitäten helfen, die Bindung zu festigen. Paare sollten regelmäßig etwas Neues ausprobieren – sei es ein Kochkurs oder ein gemeinsamer Ausflug in die Natur. Diese gemeinsamen Erlebnisse schaffen Erinnerungen und fördern den Teamgeist innerhalb der Beziehung.

Abschließend lässt sich sagen, dass diese einfachen Übungen nicht viel Zeit in Anspruch nehmen müssen und dennoch einen erheblichen Einfluss auf die Qualität einer Partnerschaft haben können. Indem Paare bewusst an ihrer Verbindung arbeiten und kleine Rituale im Alltag integrieren, legen sie den Grundstein für eine tiefere emotionale Bindung und ein harmonisches Miteinander.

2.2 Integration in den hektischen Alltag

Die Integration von Bindungsübungen in einen hektischen Alltag ist eine Herausforderung, die viele Paare betrifft. In einer Welt, die von Terminen, Verpflichtungen und ständigem Stress geprägt ist, kann es schwierig sein, Zeit für die Beziehung zu finden. Dennoch ist es gerade in solchen Zeiten wichtig, bewusst kleine Rituale und Übungen einzuführen, um die Verbindung zueinander zu stärken.

Ein effektiver Ansatz zur Integration dieser Übungen besteht darin, sie mit bereits bestehenden Routinen zu verknüpfen. Beispielsweise können Paare das „Dankbarkeitsritual" während des Abendessens praktizieren. Indem sie sich während der gemeinsamen Mahlzeit einige Minuten Zeit nehmen, um ihre Dankbarkeit auszudrücken, wird nicht nur das Essen zu einem besonderen Moment, sondern auch die emotionale Verbindung gestärkt. Diese einfache Anpassung an eine alltägliche Routine macht es leichter, das Ritual beizubehalten.

Eine weitere Möglichkeit ist die Nutzung von kurzen Pausen im Alltag. Wenn Partner beispielsweise während einer Kaffeepause oder auf dem Weg zur Arbeit sind, können sie sich gegenseitig Komplimente machen oder über positive Erlebnisse des Tages sprechen. Solche kleinen Interaktionen helfen dabei, den Fokus auf die Beziehung zu lenken und schaffen Raum für Intimität selbst in stressigen Momenten.

Zudem kann das Einführen eines wöchentlichen „Date Nights" eine wertvolle Strategie sein. Auch wenn der Termin nur kurz ist – sei es ein gemeinsamer Spaziergang oder ein Filmabend zu Hause – diese bewusste Auszeit fördert nicht nur die Bindung, sondern gibt beiden Partnern etwas Vorfreude im oft monotonen Alltag. Es ist wichtig, diese Abende als feste Termine im Kalender zu markieren und ernsthaft dafür zu sorgen, dass sie eingehalten werden.

Abschließend lässt sich sagen, dass die Integration von Bindungsübungen in den hektischen Alltag nicht nur möglich ist, sondern auch entscheidend für das Wohlbefinden der Partnerschaft sein kann. Durch kreative Ansätze und das Verknüpfen mit bestehenden Routinen können Paare ihre Beziehung aktiv gestalten und stärken – selbst wenn der Alltag herausfordernd bleibt.

2.3 Zeitmanagement für Paare

Das Zeitmanagement ist ein entscheidender Faktor für das Gelingen einer Partnerschaft. In der heutigen schnelllebigen Welt, in der beide Partner oft beruflich und privat stark eingespannt sind, kann es eine Herausforderung sein, ausreichend Zeit füreinander zu finden. Ein effektives Zeitmanagement hilft nicht nur dabei, die täglichen Aufgaben zu bewältigen, sondern fördert auch die emotionale Verbindung zwischen den Partnern.

Ein erster Schritt zur Verbesserung des Zeitmanagements besteht darin, gemeinsame Ziele zu definieren. Paare sollten sich regelmäßig zusammensetzen und besprechen, was ihnen wichtig ist – sei es die Planung eines Urlaubs oder das Einrichten eines gemeinsamen Hobbyraums. Diese Gespräche schaffen nicht nur Klarheit über Prioritäten, sondern stärken auch das Gefühl der Zusammengehörigkeit.

Ein weiterer wichtiger Aspekt ist die Erstellung eines gemeinsamen Kalenders. Ob digital oder analog – ein solcher Kalender ermöglicht es beiden Partnern, ihre Termine und Verpflichtungen im Blick zu behalten und gleichzeitig Raum für gemeinsame Aktivitäten zu schaffen. Es empfiehlt sich, feste Zeiten für „Quality Time" einzuplanen, sei es ein wöchentlicher Spieleabend oder regelmäßige Ausflüge ins Grüne. Diese festen Termine geben beiden Partnern etwas, auf das sie sich freuen können.

Darüber hinaus sollten Paare lernen, flexibel mit ihrer Zeit umzugehen. Manchmal erfordern unvorhergesehene Ereignisse Anpassungen im Alltag. Anstatt in Stress zu verfallen, können Paare gemeinsam Lösungen finden und alternative Pläne schmieden. Dies fördert nicht nur die Teamarbeit innerhalb der Beziehung, sondern stärkt auch das Vertrauen ineinander.

Schließlich ist es wichtig, kleine Rituale in den Alltag einzuführen. Sei es eine kurze Kaffeepause zusammen oder ein Abendspaziergang nach dem Essen – solche kleinen Momente helfen dabei, den Alltagsstress hinter sich zu lassen und sich aufeinander zu konzentrieren. Indem Paare bewusst Zeit füreinander reservieren und diese Momente wertschätzen, tragen sie aktiv zur Stärkung ihrer Beziehung bei.

3
Emotionale Intelligenz in der Partnerschaft

3.1 Verständnis für die Gefühle des Partners

Das Verständnis für die Gefühle des Partners ist ein zentraler Aspekt emotionaler Intelligenz in einer Beziehung. Es bildet die Grundlage für Empathie und fördert eine tiefere Verbindung zwischen den Partnern. Wenn wir in der Lage sind, die Emotionen unseres Partners zu erkennen und nachzuvollziehen, schaffen wir einen Raum, in dem sich beide Seiten sicher und wertgeschätzt fühlen können.

Ein wichtiger Schritt zum besseren Verständnis der Gefühle des Partners ist das aktive Zuhören. Dies bedeutet nicht nur, die Worte zu hören, sondern auch auf nonverbale Signale wie Körpersprache und Tonfall zu achten. Oftmals drücken Menschen ihre wahren Gefühle nicht direkt aus; stattdessen zeigen sie sie durch subtile Hinweise. Ein Beispiel könnte sein, dass ein Partner während eines Gesprächs mit verschränkten Armen sitzt oder den Blick abwendet – dies kann auf Unbehagen oder Unsicherheit hinweisen.

Darüber hinaus ist es entscheidend, Fragen zu stellen und Interesse an den Gefühlen des anderen zu zeigen. Anstatt Annahmen über das Empfinden des Partners zu treffen, können offene Fragen helfen, Missverständnisse auszuräumen und Klarheit zu schaffen. Zum Beispiel könnte man fragen: „Wie fühlst du dich dabei?" oder „Was denkst du über diese Situation?". Solche Fragen laden zur Reflexion ein und fördern einen Dialog über emotionale Zustände.

Ein weiterer Aspekt ist die Validierung der Gefühle des Partners. Es ist wichtig anzuerkennen, dass jede Emotion legitim ist, unabhängig davon, ob wir sie selbst nachvollziehen können oder nicht. Wenn ein Partner beispielsweise Traurigkeit oder Frustration äußert, sollte der andere dies ernst nehmen und nicht sofort versuchen, Lösungen anzubieten oder die Emotionen abzutun. Stattdessen kann eine einfache Bestätigung wie „Ich verstehe, dass du dich so fühlst" viel bewirken.

Zusammenfassend lässt sich sagen, dass das Verständnis für die Gefühle des Partners eine Schlüsselkompetenz in jeder Beziehung darstellt. Durch aktives Zuhören, gezielte Fragen und emotionale Validierung können Paare eine tiefere Verbindung aufbauen und Konflikte effektiver lösen.

3.2 Empathie zeigen und fördern

Empathie ist ein zentraler Bestandteil emotionaler Intelligenz in Partnerschaften und spielt eine entscheidende Rolle für das Wohlbefinden und die Stabilität einer Beziehung. Sie ermöglicht es den Partnern, sich gegenseitig zu verstehen, zu unterstützen und auf die emotionalen Bedürfnisse des anderen einzugehen. Das Zeigen und Fördern von Empathie kann nicht nur Konflikte entschärfen, sondern auch die Bindung zwischen den Partnern stärken.

Ein effektiver Weg, Empathie zu zeigen, ist durch aktives Zuhören. Dies bedeutet, dass man dem Partner volle Aufmerksamkeit schenkt und sich bemüht, seine Perspektive nachzuvollziehen. Ein Beispiel hierfür könnte sein, während eines Gesprächs über persönliche Herausforderungen nicht nur zuzuhören, sondern auch Rückmeldungen zu geben wie: „Ich kann nachvollziehen, wie schwer das für dich sein muss." Solche Äußerungen signalisieren Verständnis und Wertschätzung der Gefühle des Partners.

Darüber hinaus ist es wichtig, empathische Reaktionen zu fördern. Dies kann durch gezielte Fragen geschehen, die den Partner dazu anregen, seine Gedanken und Gefühle weiter auszudrücken. Fragen wie „Was hat dich in dieser Situation am meisten belastet?" oder „Wie hast du dich gefühlt, als das passiert ist?" können helfen, tiefere Einsichten in die Emotionen des Partners zu gewinnen. Diese Art der Kommunikation fördert nicht nur das Verständnis, sondern zeigt auch echtes Interesse an den inneren Erlebnissen des anderen.

Ein weiterer Aspekt des Empathieförderns ist die Schaffung eines sicheren Raums für emotionale Ausdrücke. Paare sollten darauf achten, eine Atmosphäre zu schaffen, in der beide Partner ihre Gefühle ohne Angst vor Verurteilung oder Missverständnissen äußern können. Dies erfordert Geduld und Offenheit sowie die Bereitschaft, eigene Vorurteile zurückzustellen.

Zusammenfassend lässt sich sagen, dass das Zeigen und Fördern von Empathie in einer Partnerschaft essenziell ist für eine gesunde Beziehung. Durch aktives Zuhören, empathische Reaktionen und die Schaffung eines sicheren Raums können Paare ihre emotionale Verbindung vertiefen und einander besser unterstützen.

3.3 Emotionale Unterstützung bieten

Emotionale Unterstützung ist ein fundamentaler Aspekt jeder Partnerschaft, der entscheidend zur Stabilität und Zufriedenheit in einer Beziehung beiträgt. Sie umfasst nicht nur das Angebot von Trost und Verständnis in schwierigen Zeiten, sondern auch die aktive Förderung des emotionalen Wohlbefindens des Partners. Diese Art der Unterstützung kann in verschiedenen Formen auftreten und ist eng mit der emotionalen Intelligenz verbunden.

Ein zentraler Bestandteil emotionaler Unterstützung ist die Fähigkeit, auf die Bedürfnisse des Partners einzugehen. Dies bedeutet, dass man aufmerksam zuhört und sich bemüht, die Gefühle und Sorgen des anderen zu erkennen und ernst zu nehmen. Ein Beispiel hierfür könnte sein, wenn ein Partner nach einem stressigen Arbeitstag nach Hause kommt; anstatt sofort eigene Probleme anzusprechen, sollte der andere Partner zunächst fragen: „Wie war dein Tag?" Solche einfachen Fragen können helfen, eine Atmosphäre des Vertrauens zu schaffen.

Darüber hinaus spielt die Bestärkung eine wichtige Rolle bei der emotionalen Unterstützung. Indem man den Partner ermutigt und seine Stärken hervorhebt, kann man dessen Selbstwertgefühl steigern. Aussagen wie „Ich bewundere deine Fähigkeit, so geduldig zu sein" oder „Du hast das wirklich gut gemacht" können Wunder wirken und dem Partner das Gefühl geben, wertgeschätzt zu werden.

Ein weiterer Aspekt ist die praktische Hilfe in herausfordernden Situationen. Oftmals reicht es nicht aus, nur zuzuhören; manchmal benötigt der Partner konkrete Unterstützung. Dies könnte bedeuten, gemeinsam an einem Problem zu arbeiten oder einfach nur für den anderen da zu sein – sei es durch körperliche Präsenz oder durch kleine Gesten wie das Zubereiten einer Mahlzeit oder das Übernehmen von Aufgaben im Haushalt.

Zusammenfassend lässt sich sagen, dass emotionale Unterstützung in einer Partnerschaft weit über bloße Worte hinausgeht. Sie erfordert aktives Engagement und Empathie sowie die Bereitschaft, sowohl emotionale als auch praktische Hilfe anzubieten. Durch diese Form der Unterstützung können Paare ihre Bindung stärken und ein tiefes Gefühl von Sicherheit und Geborgenheit entwickeln.

4
Konfliktlösungstechniken

4.1 Strategien zur Konfliktbewältigung

Konflikte sind ein unvermeidlicher Bestandteil jeder Beziehung, sei es in Partnerschaften, Freundschaften oder am Arbeitsplatz. Die Fähigkeit, Konflikte konstruktiv zu bewältigen, ist entscheidend für das langfristige Wohlbefinden und die Stabilität einer Beziehung. In diesem Abschnitt werden verschiedene Strategien zur Konfliktbewältigung vorgestellt, die Paaren helfen können, ihre Differenzen zu überbrücken und eine tiefere Verbindung zueinander aufzubauen.

Eine der effektivsten Strategien ist die **aktive Kommunikation**. Paare sollten lernen, offen und ehrlich über ihre Gefühle und Bedürfnisse zu sprechen. Dies bedeutet nicht nur, seine eigenen Ansichten klar auszudrücken, sondern auch aktiv zuzuhören. Durch aktives Zuhören können Missverständnisse vermieden werden und beide Partner fühlen sich wertgeschätzt und verstanden.

Ein weiterer wichtiger Aspekt ist die **Empathie**. Indem Partner versuchen, sich in die Lage des anderen zu versetzen, können sie besser nachvollziehen, warum bestimmte Themen emotional aufgeladen sind. Diese Perspektivübernahme fördert nicht nur das Verständnis füreinander, sondern kann auch dazu beitragen, Spannungen abzubauen und Lösungen zu finden.

Kompromisse spielen ebenfalls eine zentrale Rolle in der Konfliktbewältigung. Oftmals gibt es keine eindeutige „richtige" Lösung für einen Konflikt; stattdessen müssen beide Partner bereit sein, Zugeständnisse zu machen. Dies erfordert Flexibilität und den Willen zur Zusammenarbeit. Ein erfolgreicher Kompromiss sollte beiden Partnern das Gefühl geben, dass ihre Bedürfnisse berücksichtigt wurden.

Letztlich ist es wichtig zu erkennen, dass Konflikte nicht zwangsläufig negativ sind; sie bieten auch Chancen für Wachstum und Vertiefung der Beziehung. Durch den Einsatz dieser Strategien können Paare lernen, Herausforderungen gemeinsam anzugehen und ihre Bindung nachhaltig zu festigen.

- **Problemlösungsansatz:** Anstatt sich auf Schuldzuweisungen zu konzentrieren, sollten Paare gemeinsam nach Lösungen suchen.
- **Zeit nehmen:** Manchmal kann es hilfreich sein, eine Pause einzulegen und später über den Konflikt zu sprechen.
- **Positive Verstärkung:** Das Erkennen von Fortschritten oder positiven Verhaltensweisen kann motivierend wirken und die Beziehung stärken.

4.2 Konstruktive Diskussionen führen

Konstruktive Diskussionen sind ein wesentlicher Bestandteil der Konfliktlösung und tragen dazu bei, Missverständnisse auszuräumen und gemeinsame Lösungen zu finden. Sie fördern nicht nur das Verständnis zwischen den Beteiligten, sondern stärken auch die Beziehung insgesamt. In diesem Abschnitt werden verschiedene Aspekte beleuchtet, die für das Führen konstruktiver Diskussionen von Bedeutung sind.

Ein zentraler Punkt ist die **Vorbereitung**. Bevor eine Diskussion beginnt, sollten sich die Beteiligten Gedanken über ihre eigenen Standpunkte und Emotionen machen. Dies hilft, Klarheit über die eigenen Bedürfnisse zu gewinnen und ermöglicht es, diese während des Gesprächs präzise zu kommunizieren. Eine gute Vorbereitung kann auch dazu beitragen, emotionale Ausbrüche zu vermeiden und den Fokus auf das eigentliche Problem zu richten.

Ein weiterer wichtiger Aspekt ist die **Wertschätzung der Perspektiven des anderen**. Während einer Diskussion ist es entscheidend, aktiv zuzuhören und den Standpunkt des Gegenübers ernst zu nehmen. Dies bedeutet nicht nur, Worte aufzunehmen, sondern auch nonverbale Signale wahrzunehmen und empathisch auf die Gefühle des anderen einzugehen. Durch diese Wertschätzung entsteht ein Raum für Offenheit und Vertrauen, was wiederum die Wahrscheinlichkeit erhöht, dass beide Parteien bereit sind, Kompromisse einzugehen.

Zusätzlich sollte der Rahmen der Diskussion klar definiert sein. Es ist hilfreich, Regeln festzulegen – wie beispielsweise keine Unterbrechungen oder persönliche Angriffe – um eine respektvolle Atmosphäre zu gewährleisten. Solche Vereinbarungen schaffen einen geschützten Raum für ehrliche Gespräche und minimieren das Risiko von Eskalationen.

- **Zielorientierung:** Die Diskussion sollte stets auf eine Lösung hinarbeiten; dies erfordert einen gemeinsamen Fokus auf das Ziel.
- **Kreativität:** Oft können unkonventionelle Ansätze neue Perspektiven eröffnen; daher sollten alle Ideen ohne Vorurteile diskutiert werden.
- **Nachhaltigkeit:** Es ist wichtig sicherzustellen, dass gefundene Lösungen langfristig tragfähig sind und regelmäßig überprüft werden.

Letztlich können konstruktive Diskussionen als wertvolles Werkzeug angesehen werden, um Konflikte nicht nur zu lösen, sondern auch Beziehungen nachhaltig zu stärken. Indem man sich auf respektvolle Kommunikation konzentriert und offen für unterschiedliche Sichtweisen bleibt, wird der Grundstein für eine tiefere Verbindung gelegt.

4.3 Kompromisse finden

Kompromisse sind ein zentrales Element in der Konfliktlösung, da sie es den Beteiligten ermöglichen, eine gemeinsame Basis zu finden und unterschiedliche Interessen zu berücksichtigen. In vielen Fällen ist es unrealistisch, dass eine Partei alle ihre Wünsche erfüllt bekommt; daher ist die Fähigkeit, Kompromisse einzugehen, entscheidend für die Aufrechterhaltung von Beziehungen und die Schaffung nachhaltiger Lösungen.

Ein wichtiger Schritt beim Finden von Kompromissen ist das Verständnis der Bedürfnisse und Prioritäten aller Beteiligten. Oftmals sind Konflikte nicht nur auf Meinungsverschiedenheiten zurückzuführen, sondern auch auf tiefere emotionale oder psychologische Bedürfnisse. Indem man diese Bedürfnisse identifiziert und anerkennt, können Parteien besser verstehen, wo sie bereit sind, Zugeständnisse zu machen. Ein Beispiel hierfür könnte eine Verhandlung zwischen zwei Abteilungen in einem Unternehmen sein: Während die eine Abteilung möglicherweise mehr Ressourcen benötigt, könnte die andere Abteilung darauf bestehen, dass ihre Projekte priorisiert werden. Durch offene Kommunikation können beide Seiten herausfinden, welche Aspekte für sie unverzichtbar sind und wo sie flexibel sein können.

Ein weiterer Aspekt des Kompromissfindens ist die Kreativität bei der Lösungsentwicklung. Oftmals kann durch Brainstorming unkonventioneller Ideen ein neuer Ansatz gefunden werden, der beiden Parteien zugutekommt. Anstatt sich auf starre Positionen zu versteifen, sollten alle Beteiligten ermutigt werden, innovative Lösungen vorzuschlagen. Dies kann dazu führen, dass beide Seiten etwas erhalten – sei es durch einen alternativen Zeitplan oder durch das Teilen von Ressourcen.

- **Flexibilität:** Die Bereitschaft zur Anpassung an neue Informationen oder Perspektiven ist entscheidend für erfolgreiche Kompromisse.
- **Transparente Kommunikation:** Offene Gespräche über Erwartungen und Bedenken fördern Vertrauen und erleichtern den Prozess des Kompromissfindens.
- **Langfristige Perspektive:** Es ist wichtig zu bedenken, wie Entscheidungen langfristig wirken könnten; dies fördert nachhaltige Lösungen.

Letztlich erfordert das Finden von Kompromissen Geduld und Empathie. Wenn alle Beteiligten bereit sind zuzuhören und sich in die Lage des anderen zu versetzen, wird der Weg zu einer gemeinsamen Lösung erheblich erleichtert. Durch diesen kooperativen Ansatz können nicht nur Konflikte gelöst werden, sondern auch stärkere Beziehungen aufgebaut werden.

5
Die Rolle von Vertrauen in Beziehungen

5.1 Vertrauen aufbauen und erhalten

Vertrauen ist das Fundament jeder erfolgreichen Beziehung. Es ermöglicht Partnern, sich emotional zu öffnen und eine tiefere Verbindung zueinander aufzubauen. In einer Zeit, in der Unsicherheiten und Herausforderungen allgegenwärtig sind, wird die Fähigkeit, Vertrauen zu schaffen und aufrechtzuerhalten, umso wichtiger. Dieser Abschnitt beleuchtet die verschiedenen Aspekte des Vertrauensaufbaus und bietet praktische Ansätze zur Stärkung dieser essenziellen Beziehungskomponente.

Ein erster Schritt zum Aufbau von Vertrauen besteht darin, Transparenz zu fördern. Offene Kommunikation über Gedanken, Gefühle und Erwartungen schafft ein Umfeld, in dem beide Partner sich sicher fühlen können. Wenn beispielsweise ein Partner seine Sorgen oder Ängste teilt, kann dies den anderen ermutigen, ebenfalls offen zu sein. Diese gegenseitige Offenheit fördert nicht nur das Verständnis, sondern auch die emotionale Intimität.

Ein weiterer wichtiger Aspekt ist die Zuverlässigkeit. Partner sollten darauf achten, ihre Versprechen einzuhalten und für den anderen da zu sein. Kleine Gesten der Unterstützung im Alltag – sei es durch Hilfe bei Aufgaben oder einfach durch Zuhören – tragen dazu bei, dass sich beide Partner wertgeschätzt fühlen. Wenn diese kleinen Handlungen regelmäßig stattfinden, festigt dies das Vertrauen erheblich.

Darüber hinaus spielt Empathie eine entscheidende Rolle beim Erhalt von Vertrauen. Die Fähigkeit, sich in die Lage des Partners hineinzuversetzen und dessen Perspektive nachzuvollziehen, stärkt nicht nur das Verständnis füreinander, sondern zeigt auch Respekt vor den Gefühlen des anderen. Paare sollten aktiv daran arbeiten, empathisch zuzuhören und auf die Bedürfnisse des Partners einzugehen.

Schließlich ist es wichtig zu erkennen, dass Vertrauen auch verletzlich ist und leicht erschüttert werden kann. Konflikte oder Missverständnisse sind unvermeidlich; jedoch ist der Umgang mit diesen Herausforderungen entscheidend für den Erhalt des Vertrauens. Eine konstruktive Konfliktlösung – geprägt von Respekt und dem Willen zur Zusammenarbeit – kann helfen, bestehendes Vertrauen wiederherzustellen oder sogar zu vertiefen.

Insgesamt erfordert der Aufbau und Erhalt von Vertrauen kontinuierliche Anstrengungen beider Partner. Durch offene Kommunikation, Zuverlässigkeit sowie Empathie können Paare eine starke Basis schaffen, auf der ihre Beziehung gedeihen kann.

5.2 Vertrauensbrüche überwinden

Vertrauensbrüche sind in jeder Beziehung eine ernsthafte Herausforderung, die oft zu emotionalen Verletzungen und Entfremdung führen kann. Die Fähigkeit, solche Brüche zu überwinden, ist entscheidend für das langfristige Überleben einer Partnerschaft. In diesem Abschnitt werden Strategien und Ansätze beleuchtet, die helfen können, Vertrauen nach einem Vorfall der Enttäuschung oder des Betrugs wiederherzustellen.

Ein erster Schritt zur Überwindung eines Vertrauensbruchs besteht darin, die Verantwortung für das eigene Verhalten zu übernehmen. Der betroffene Partner muss erkennen, dass sein Handeln Konsequenzen hat und bereit sein, sich den Folgen zu stellen. Dies erfordert Mut und Ehrlichkeit sowie die Bereitschaft, sich den eigenen Fehlern zu stellen. Ein offenes Gespräch über die Ursachen des Vertrauensbruchs kann helfen, Missverständnisse auszuräumen und Klarheit zu schaffen.

Darüber hinaus ist es wichtig, Raum für Emotionen zu schaffen. Beide Partner sollten ihre Gefühle ausdrücken dürfen – sei es Wut, Trauer oder Enttäuschung. Diese emotionale Verarbeitung ist ein wesentlicher Bestandteil des Heilungsprozesses. Es kann hilfreich sein, dies in einem geschützten Rahmen zu tun, beispielsweise durch Paartherapie oder Mediation. Professionelle Unterstützung kann dabei helfen, konstruktive Wege zur Kommunikation zu finden und Konflikte produktiv anzugehen.

Ein weiterer zentraler Aspekt ist der Wiederaufbau von Transparenz und Offenheit in der Beziehung. Der Partner, der das Vertrauen gebrochen hat, sollte aktiv daran arbeiten, seine Handlungen nachvollziehbar zu machen und dem anderen Sicherheit zu geben. Dies könnte bedeuten, regelmäßige Updates über persönliche Aktivitäten oder Gedanken bereitzustellen und so ein Gefühl von Kontrolle zurückzugeben.

Letztlich erfordert der Prozess des Vertrauensaufbaus Zeit und Geduld von beiden Seiten. Es ist wichtig anzuerkennen, dass Rückschläge möglich sind; jedoch können diese als Gelegenheiten zur weiteren Klärung genutzt werden. Indem beide Partner gemeinsam an ihrer Beziehung arbeiten und sich gegenseitig unterstützen, kann nicht nur das verlorene Vertrauen wiederhergestellt werden – vielmehr kann eine tiefere Verbindung entstehen als zuvor.

5.3 Transparenz und Ehrlichkeit

Transparenz und Ehrlichkeit sind fundamentale Bausteine für das Vertrauen in Beziehungen. Sie schaffen nicht nur eine Atmosphäre der Offenheit, sondern fördern auch die emotionale Sicherheit zwischen Partnern. In einer Welt, in der Missverständnisse und Unsicherheiten häufig vorkommen, ist es entscheidend, dass beide Partner bereit sind, ihre Gedanken und Gefühle ehrlich zu kommunizieren.

Ehrlichkeit bedeutet nicht nur, die Wahrheit zu sagen, sondern auch, sich verletzlich zu zeigen. Wenn Partner offen über ihre Ängste, Wünsche und Bedürfnisse sprechen, entsteht ein tieferes Verständnis füreinander. Diese Art der Kommunikation kann helfen, Konflikte frühzeitig zu erkennen und anzugehen, bevor sie sich zu größeren Problemen entwickeln. Ein Beispiel hierfür könnte sein, dass ein Partner seine Unzufriedenheit mit bestimmten Aspekten der Beziehung anspricht, anstatt diese Gefühle für sich zu behalten.

Transparenz geht Hand in Hand mit Ehrlichkeit. Sie erfordert von beiden Partnern die Bereitschaft, Informationen über ihr Leben und ihre Entscheidungen zu teilen. Dies kann bedeuten, regelmäßig über persönliche Herausforderungen oder Erfolge zu berichten oder auch einfach alltägliche Dinge miteinander zu besprechen. Solche kleinen Gesten tragen dazu bei, ein Gefühl von Nähe und Verbundenheit aufzubauen.

- Ein offenes Gespräch über finanzielle Angelegenheiten kann Missverständnisse vermeiden.
- Das Teilen von persönlichen Zielen fördert das gegenseitige Verständnis.
- Regelmäßige Check-ins zur emotionalen Verfassung stärken die Bindung.

Darüber hinaus ist es wichtig anzuerkennen, dass Transparenz nicht immer bedeutet, alles sofort preiszugeben. Es geht darum, einen Raum zu schaffen, in dem beide Partner sich sicher fühlen können. Manchmal benötigen Menschen Zeit oder Unterstützung (z.B. durch Therapie), um bestimmte Themen anzusprechen. Die Bereitschaft zuzuhören und Geduld aufzubringen ist ebenso entscheidend wie die eigene Offenheit.

Letztlich führt eine Kultur der Transparenz und Ehrlichkeit dazu, dass Vertrauen nicht nur aufgebaut wird – es wird auch gestärkt und gefestigt im Laufe der Zeit. Indem beide Partner aktiv daran arbeiten, diese Werte in ihrer Beziehung zu leben, können sie eine tiefere Verbindung erreichen als je zuvor.

6
Intimität und Nähe stärken

6.1 Physische und emotionale Intimität

Physische und emotionale Intimität sind zwei fundamentale Säulen, die eine gesunde und erfüllende Partnerschaft stützen. Während physische Intimität oft mit körperlicher Nähe, Berührung und Sexualität assoziiert wird, umfasst emotionale Intimität das tiefere Verständnis der Gefühle, Gedanken und Bedürfnisse des Partners. Beide Aspekte sind untrennbar miteinander verbunden und tragen entscheidend zur Stabilität einer Beziehung bei.

Die Bedeutung physischer Intimität kann nicht unterschätzt werden. Körperliche Berührungen wie Umarmungen, Küsse oder einfaches Händchenhalten fördern die Ausschüttung von Oxytocin, dem sogenannten „Kuschelhormon". Dieses Hormon stärkt das Gefühl der Verbundenheit und des Vertrauens zwischen Partnern. Paare sollten regelmäßig Zeit für körperliche Nähe einplanen, um diese Verbindung zu intensivieren. Dies kann durch einfache Rituale wie einen Abendspaziergang oder gemeinsame Entspannungszeiten geschehen.

Emotionale Intimität hingegen erfordert Offenheit und Verletzlichkeit. Es ist wichtig, dass Partner bereit sind, ihre innersten Gedanken und Ängste zu teilen. Dies schafft ein Umfeld des Vertrauens, in dem beide sich sicher fühlen können. Ein effektives Mittel zur Förderung emotionaler Intimität ist aktives Zuhören: Dabei geht es darum, dem Partner volle Aufmerksamkeit zu schenken und seine Perspektive ernst zu nehmen. Fragen wie „Wie fühlst du dich dabei?" oder „Was denkst du über diese Situation?" können helfen, tiefere Gespräche anzuregen.

Ein weiterer Aspekt ist die gemeinsame Bewältigung von Herausforderungen. Wenn Paare gemeinsam an Problemen arbeiten – sei es im Alltag oder in Krisensituationen – stärkt dies nicht nur die physische Nähe durch Teamarbeit, sondern auch die emotionale Bindung durch geteilte Erfahrungen. Solche Erlebnisse schaffen Erinnerungen und festigen das Gefühl der Zusammengehörigkeit.

Zusammenfassend lässt sich sagen, dass sowohl physische als auch emotionale Intimität essenziell für eine glückliche Partnerschaft sind. Indem Paare aktiv an beiden Bereichen arbeiten, können sie eine tiefere Verbindung aufbauen und ihre Beziehung nachhaltig stärken.

6.2 Rituale der Zweisamkeit schaffen

Rituale der Zweisamkeit sind essenziell, um die Verbindung zwischen Partnern zu stärken und eine tiefere Intimität zu fördern. Diese Rituale bieten nicht nur einen Rahmen für gemeinsame Erlebnisse, sondern helfen auch dabei, den Alltag hinter sich zu lassen und bewusst Zeit füreinander zu schaffen. Indem Paare regelmäßig solche Rituale praktizieren, können sie ihre Beziehung auf eine neue Ebene heben.

Ein einfaches, aber wirkungsvolles Ritual ist das wöchentliche „Date Night". An einem festgelegten Abend in der Woche sollten Paare Zeit miteinander verbringen, sei es bei einem romantischen Abendessen oder einem gemeinsamen Filmabend zu Hause. Dieses Ritual fördert nicht nur die physische Nähe durch gemeinsame Aktivitäten, sondern bietet auch Raum für emotionale Gespräche und das Teilen von Gedanken und Gefühlen.

Ein weiteres Beispiel für ein Ritual ist das morgendliche oder abendliche Gespräch. Hierbei nehmen sich Partner bewusst Zeit, um über ihren Tag zu sprechen, ihre Sorgen zu teilen oder einfach nur miteinander zu lachen. Solche Gespräche stärken die emotionale Intimität und zeigen dem Partner, dass seine Gedanken und Gefühle wertgeschätzt werden.

Zusätzlich können kleine tägliche Gesten wie das Hinterlassen von liebevollen Notizen oder das Vorbereiten einer Tasse Kaffee für den anderen als Rituale betrachtet werden. Diese kleinen Aufmerksamkeiten tragen dazu bei, dass sich beide Partner geliebt und geschätzt fühlen. Sie sind einfache Möglichkeiten, um im hektischen Alltag Momente der Zweisamkeit einzuführen.

Die Schaffung von Ritualen sollte jedoch nicht als starres Konzept verstanden werden; vielmehr sollten Paare flexibel bleiben und ihre Rituale anpassen, wenn sich Lebensumstände ändern. Wichtig ist es, dass diese Rituale aus einer echten Absicht heraus entstehen – dem Wunsch nach Nähe und Verbundenheit. Letztlich sind es diese kleinen Dinge im Alltag, die eine Beziehung stark machen und sie vor Herausforderungen schützen.

6.3 Offene Gespräche über Wünsche

Offene Gespräche über Wünsche sind ein zentraler Bestandteil jeder gesunden Beziehung. Sie ermöglichen es Partnern, ihre Bedürfnisse und Sehnsüchte klar zu kommunizieren, was nicht nur das Verständnis füreinander fördert, sondern auch die emotionale Intimität stärkt. In einer Welt, in der Missverständnisse und unausgesprochene Erwartungen häufig zu Konflikten führen können, ist es entscheidend, einen Raum für ehrliche und respektvolle Dialoge zu schaffen.

Ein wichtiger Aspekt dieser Gespräche ist die Bereitschaft, sich verletzlich zu zeigen. Wenn Partner offen über ihre Wünsche sprechen, zeigen sie Vertrauen zueinander. Dies kann beispielsweise durch regelmäßige „Wunschgespräche" geschehen, bei denen beide Partner die Möglichkeit haben, ihre Gedanken und Träume auszudrücken. Solche Gespräche sollten in einem entspannten Umfeld stattfinden, um eine offene Kommunikation zu fördern.

Darüber hinaus ist es hilfreich, aktiv zuzuhören und den anderen nicht nur hören, sondern auch verstehen zu wollen. Dies bedeutet, Fragen zu stellen und nachzufragen, um sicherzustellen, dass man die Perspektive des Partners vollständig erfasst hat. Ein Beispiel könnte sein: „Was genau bedeutet das für dich?" oder „Wie fühlst du dich dabei?". Solche Fragen vertiefen das Gespräch und zeigen echtes Interesse an den Wünschen des anderen.

Ein weiterer wichtiger Punkt ist die Flexibilität im Umgang mit den geäußerten Wünschen. Es ist möglich, dass nicht alle Wünsche sofort erfüllt werden können oder dass Kompromisse notwendig sind. Hierbei sollte jedoch der Fokus auf dem gemeinsamen Ziel liegen: eine erfüllte Beziehung aufzubauen. Paare könnten gemeinsam überlegen, wie sie bestimmte Wünsche schrittweise umsetzen können oder welche Alternativen es gibt.

Letztlich tragen offene Gespräche über Wünsche dazu bei, Missverständnisse abzubauen und eine tiefere Verbindung zwischen den Partnern herzustellen. Indem beide Seiten bereit sind zuzuhören und sich aufeinander einzulassen, wird nicht nur das individuelle Wohlbefinden gefördert; auch die gesamte Beziehung profitiert von dieser offenen Kommunikationskultur.

7
Gemeinsame Ziele setzen

7.1 Visionen für die Zukunft entwickeln

Die Entwicklung von Visionen für die Zukunft ist ein entscheidender Schritt in der Gestaltung einer erfolgreichen Partnerschaft. Eine gemeinsame Vision ermöglicht es Paaren, ihre Ziele und Träume zu vereinen, was nicht nur das Verständnis füreinander vertieft, sondern auch eine starke Grundlage für die Beziehung schafft. In einer Zeit, in der individuelle Ambitionen oft im Vordergrund stehen, ist es umso wichtiger, sich auf eine gemeinsame Richtung zu konzentrieren.

Eine klare Vision kann als Kompass fungieren, der Paare durch Herausforderungen und Veränderungen leitet. Um diese Vision zu entwickeln, sollten beide Partner aktiv an einem Dialog teilnehmen. Es ist hilfreich, Fragen zu stellen wie: „Was sind unsere gemeinsamen Werte?" oder „Welche Träume möchten wir zusammen verwirklichen?" Solche Gespräche fördern nicht nur das gegenseitige Verständnis, sondern helfen auch dabei, realistische und erreichbare Ziele festzulegen.

Ein weiterer wichtiger Aspekt bei der Entwicklung von Zukunftsvisionen ist die Berücksichtigung individueller Bedürfnisse und Wünsche. Jeder Partner bringt seine eigenen Erfahrungen und Perspektiven in die Beziehung ein. Daher ist es wichtig, Raum für persönliche Träume zu schaffen und diese in die gemeinsame Vision zu integrieren. Dies kann durch regelmäßige Reflexion geschehen – beispielsweise durch monatliche Gespräche über Fortschritte und Anpassungen der gemeinsamen Ziele.

- Gemeinsame Werte identifizieren: Was ist uns beiden wichtig?
- Ziele formulieren: Welche konkreten Schritte wollen wir unternehmen?
- Regelmäßige Überprüfung: Wie können wir sicherstellen, dass wir auf dem richtigen Weg sind?

Zusammenfassend lässt sich sagen, dass die Entwicklung einer gemeinsamen Vision nicht nur dazu beiträgt, eine tiefere Verbindung zwischen den Partnern herzustellen, sondern auch einen klaren Handlungsrahmen bietet. Indem Paare ihre Träume und Ziele miteinander teilen und regelmäßig überprüfen, schaffen sie eine dynamische Partnerschaft, die sowohl Stabilität als auch Flexibilität bietet – essentielle Elemente für eine glückliche Beziehung.

7.2 Prioritäten im Leben festlegen

Die Festlegung von Prioritäten im Leben ist ein essenzieller Schritt, um sowohl persönliche als auch gemeinsame Ziele zu erreichen. In einer Welt voller Ablenkungen und Verpflichtungen kann es leicht passieren, dass man den Überblick über das Wesentliche verliert. Indem Paare ihre Prioritäten klar definieren, schaffen sie nicht nur eine solide Grundlage für ihre Beziehung, sondern fördern auch das individuelle Wachstum jedes Partners.

Ein erster Schritt zur Festlegung von Prioritäten besteht darin, sich bewusst Zeit für Reflexion zu nehmen. Hierbei können Fragen wie „Was ist mir wirklich wichtig?" oder „Welche Werte möchte ich in meinem Leben vertreten?" hilfreich sein. Diese Selbstreflexion ermöglicht es jedem Partner, seine eigenen Bedürfnisse und Wünsche zu erkennen und diese in die gemeinsame Lebensgestaltung einzubringen. Ein Beispiel könnte sein, dass einer der Partner Karriereziele verfolgt, während der andere Wert auf familiäre Bindungen legt. Durch offene Gespräche können beide Partner herausfinden, wie sie diese unterschiedlichen Prioritäten harmonisieren können.

Ein weiterer wichtiger Aspekt ist die Erstellung einer gemeinsamen Liste von Zielen und Wünschen. Diese Liste sollte regelmäßig überprüft und angepasst werden, um sicherzustellen, dass beide Partner auf dem gleichen Weg sind. Es kann hilfreich sein, die Ziele nach Dringlichkeit und Wichtigkeit zu kategorisieren – was muss sofort angegangen werden und was kann warten? Solche Kategorisierungen helfen dabei, den Fokus nicht nur auf kurzfristige Erfolge zu legen, sondern auch langfristige Visionen im Blick zu behalten.

- Selbstreflexion: Was sind meine persönlichen Werte?
- Gemeinsame Zielsetzung: Welche Träume möchten wir zusammen verwirklichen?
- Regelmäßige Überprüfung: Wie stellen wir sicher, dass unsere Prioritäten aktuell sind?

Letztlich führt die klare Festlegung von Prioritäten dazu, dass Paare nicht nur effektiver zusammenarbeiten können, sondern auch eine tiefere emotionale Verbindung zueinander entwickeln. Indem sie sich gegenseitig unterstützen und anspornen, ihre individuellen sowie gemeinsamen Ziele zu verfolgen, schaffen sie ein Umfeld des Wachstums und der Zufriedenheit – sowohl in der Beziehung als auch im persönlichen Leben.

7.3 Teamarbeit in der Beziehung

Teamarbeit ist ein zentraler Aspekt jeder erfolgreichen Beziehung. Sie fördert nicht nur die Zusammenarbeit, sondern stärkt auch das Vertrauen und die emotionale Bindung zwischen den Partnern. In einer Partnerschaft ist es entscheidend, dass beide Partner als Team agieren, um gemeinsame Ziele zu erreichen und Herausforderungen gemeinsam zu bewältigen.

Ein wichtiger Bestandteil der Teamarbeit in einer Beziehung ist die Kommunikation. Offene und ehrliche Gespräche ermöglichen es beiden Partnern, ihre Gedanken, Gefühle und Bedürfnisse auszudrücken. Dies schafft ein Umfeld, in dem sich jeder sicher fühlt, seine Meinung zu äußern. Ein Beispiel hierfür könnte eine regelmäßige „Check-in"-Runde sein, bei der beide Partner ihre aktuellen Empfindungen und Anliegen besprechen können. Solche Gespräche helfen nicht nur dabei, Missverständnisse zu vermeiden, sondern fördern auch das Verständnis füreinander.

Darüber hinaus spielt die Rollenverteilung innerhalb des Teams eine wesentliche Rolle. Paare sollten sich darüber im Klaren sein, welche Stärken und Schwächen sie jeweils haben und wie diese optimal genutzt werden können. Wenn beispielsweise einer der Partner gut im Organisieren von Finanzen ist, während der andere eher kreativ veranlagt ist, kann dies dazu führen, dass Aufgaben entsprechend verteilt werden. Diese klare Aufgabenteilung sorgt dafür, dass jeder Partner seine Fähigkeiten einbringen kann und sich wertgeschätzt fühlt.

Ein weiterer Aspekt der Teamarbeit ist die gemeinsame Problemlösung. Konflikte sind unvermeidlich in jeder Beziehung; jedoch kann die Art und Weise, wie Paare mit diesen Konflikten umgehen, den Unterschied ausmachen. Anstatt gegeneinander zu arbeiten oder Schuldzuweisungen vorzunehmen, sollten Paare lernen, zusammen an Lösungen zu arbeiten. Dies erfordert Geduld und Kompromissbereitschaft von beiden Seiten.

Letztlich führt eine effektive Teamarbeit dazu, dass Paare nicht nur ihre individuellen Ziele verfolgen können, sondern auch als Einheit wachsen. Indem sie sich gegenseitig unterstützen und motivieren sowie Herausforderungen gemeinsam meistern, schaffen sie eine starke Grundlage für eine langfristige und erfüllende Beziehung.

8
Die Bedeutung von Dankbarkeit

8.1 Wertschätzung im Alltag zeigen

Wertschätzung ist ein zentraler Bestandteil jeder Beziehung und spielt eine entscheidende Rolle für das Wohlbefinden der Partner. Im hektischen Alltag kann es jedoch leicht passieren, dass wir die kleinen Dinge, die unsere Partner tun, nicht mehr wahrnehmen oder schätzen. Die aktive Praxis der Wertschätzung fördert nicht nur die emotionale Bindung, sondern trägt auch zur Schaffung einer positiven Atmosphäre in der Partnerschaft bei.

Ein einfacher Weg, Wertschätzung zu zeigen, besteht darin, regelmäßig Komplimente auszusprechen. Diese müssen nicht immer groß oder extravagant sein; oft sind es die kleinen Gesten des Lobes, die einen großen Unterschied machen können. Ein einfaches „Danke für das Abendessen" oder „Ich schätze es wirklich, dass du heute den Müll rausgebracht hast" kann Wunder wirken und zeigt dem Partner, dass seine Bemühungen gesehen und anerkannt werden.

Darüber hinaus ist es wichtig, sich Zeit zu nehmen, um zuzuhören. Wenn Ihr Partner von seinem Tag erzählt oder über seine Sorgen spricht, schenken Sie ihm Ihre volle Aufmerksamkeit. Dies signalisiert nicht nur Respekt und Interesse an seinen Gedanken und Gefühlen, sondern stärkt auch das Gefühl der Verbundenheit zwischen Ihnen beiden.

- Überraschen Sie Ihren Partner mit einer kleinen Notiz oder Nachricht während des Tages.
- Planen Sie regelmäßige „Dankbarkeitsmomente", in denen Sie beide abwechselnd Dinge nennen, für die Sie dankbar sind.
- Nehmen Sie sich bewusst Zeit für gemeinsame Aktivitäten und drücken Sie dabei Ihre Wertschätzung verbal aus.

Die Integration solcher Praktiken in den Alltag erfordert zwar etwas Anstrengung und Bewusstsein, doch die positiven Auswirkungen auf die Beziehung sind enorm. Paare berichten häufig von einem gesteigerten Glücksgefühl und einer tieferen emotionalen Verbindung nach der Einführung regelmäßiger Wertschätzungsrituale. Letztlich ist es diese kontinuierliche Anerkennung des Anderen, die dazu beiträgt, eine liebevolle und respektvolle Partnerschaft zu fördern.

8.2 Dankbarkeitsrituale einführen

Die Einführung von Dankbarkeitsritualen in den Alltag ist eine wirkungsvolle Methode, um die Wertschätzung innerhalb einer Beziehung zu vertiefen und das emotionale Wohlbefinden zu steigern. Diese Rituale helfen nicht nur dabei, positive Gedanken zu fördern, sondern stärken auch die Bindung zwischen Partnern. Indem man regelmäßig Momente der Dankbarkeit schafft, wird das Bewusstsein für die positiven Aspekte des Zusammenlebens geschärft.

Ein einfaches, aber effektives Ritual könnte beispielsweise das tägliche „Dankeschön" sein. Paare können sich vor dem Schlafengehen oder beim gemeinsamen Frühstück abwechselnd drei Dinge nennen, für die sie an diesem Tag dankbar sind. Dies fördert nicht nur eine positive Grundstimmung, sondern ermöglicht es den Partnern auch, sich auf die kleinen Freuden des Alltags zu konzentrieren. Solche Gespräche können oft tiefere Einblicke in die Gedanken und Gefühle des anderen geben und somit das Verständnis füreinander erhöhen.

Ein weiteres Ritual könnte das Führen eines Dankbarkeitstagebuchs sein. Hierbei schreibt jeder Partner einmal pro Woche auf, wofür er im Hinblick auf den anderen dankbar ist. Diese schriftliche Form der Wertschätzung kann als wertvolles Dokument dienen und bei Bedarf immer wieder hervorgeholt werden, um schöne Erinnerungen aufzufrischen oder schwierige Zeiten zu überbrücken.

- Gestalten Sie einen speziellen Ort im Zuhause, an dem Sie gemeinsam Ihre Dankbarkeitsmomente festhalten können.
- Planen Sie regelmäßige „Dankbarkeitsabende", an denen Sie zusammenkommen und Ihre Erlebnisse teilen.
- Nehmen Sie sich Zeit für kleine Überraschungen: Hinterlassen Sie Zettel mit Dankesbotschaften an unerwarteten Orten.

Die Implementierung solcher Rituale erfordert zwar Disziplin und Engagement, doch die langfristigen Vorteile sind enorm. Paare berichten häufig von einem gesteigerten Glücksgefühl sowie einer tieferen emotionalen Verbindung nach der Einführung dieser Praktiken. Letztlich tragen Dankbarkeitsrituale dazu bei, eine Atmosphäre des Respekts und der Liebe zu schaffen – essentielle Elemente für eine gesunde Partnerschaft.

8.3 Positive Verstärkung nutzen

Die Anwendung positiver Verstärkung ist ein entscheidender Aspekt, um Dankbarkeit in Beziehungen zu fördern und das emotionale Wohlbefinden zu steigern. Positive Verstärkung bezieht sich auf die Praxis, gewünschtes Verhalten durch Belohnungen oder Anerkennung zu verstärken. In einem Beziehungsrahmen kann dies bedeuten, dass Partner sich gegenseitig für kleine Gesten der Freundlichkeit und Unterstützung loben und wertschätzen.

Ein effektives Beispiel für positive Verstärkung ist das gezielte Lob für alltägliche Handlungen. Wenn ein Partner beispielsweise den Müll rausbringt oder das Abendessen zubereitet, kann der andere dies mit einem einfachen „Danke, das war wirklich hilfreich!" anerkennen. Solche kleinen Bestätigungen schaffen nicht nur eine Atmosphäre des Respekts, sondern motivieren auch dazu, weiterhin positive Verhaltensweisen zu zeigen.

Darüber hinaus können Paare spezielle Anlässe schaffen, um Dankbarkeit auszudrücken. Ein wöchentlicher „Dankbarkeitsabend" könnte organisiert werden, an dem jeder Partner seine Wertschätzung für den anderen in Form von persönlichen Notizen oder kleinen Geschenken zum Ausdruck bringt. Diese Rituale stärken nicht nur die Bindung zwischen den Partnern, sondern fördern auch ein Gefühl der Zugehörigkeit und des Verständnisses.

Ein weiterer wichtiger Aspekt ist die Konsistenz in der positiven Verstärkung. Es reicht nicht aus, gelegentlich Dankbarkeit auszudrücken; regelmäßige Anerkennung führt dazu, dass sich beide Partner geschätzt fühlen und ihre Beziehung als stabiler empfinden. Studien zeigen, dass Paare, die regelmäßig positive Rückmeldungen geben und erhalten, tendenziell glücklicher sind und weniger Konflikte erleben.

Zusammenfassend lässt sich sagen, dass die Nutzung positiver Verstärkung eine kraftvolle Methode ist, um Dankbarkeit in einer Beziehung zu kultivieren. Indem man bewusst Momente der Wertschätzung schafft und diese regelmäßig praktiziert, wird nicht nur das individuelle Wohlbefinden gesteigert, sondern auch die gesamte Dynamik der Partnerschaft positiv beeinflusst.

9
Umgang mit Stress als Paar

9.1 Stressquellen identifizieren

Die Identifikation von Stressquellen ist ein entscheidender Schritt für Paare, die ihre Beziehung stärken und harmonisieren möchten. In einer Zeit, in der äußere Einflüsse wie Beruf, finanzielle Sorgen oder familiäre Verpflichtungen oft zu Spannungen führen können, ist es wichtig, die spezifischen Faktoren zu erkennen, die Stress verursachen. Nur durch das Verständnis dieser Quellen können Paare gezielt an Lösungen arbeiten und ihre Bindung vertiefen.

Eine häufige Stressquelle in Beziehungen ist die unzureichende Kommunikation. Missverständnisse entstehen oft aus unausgesprochenen Erwartungen oder Annahmen über den Partner. Wenn beispielsweise ein Partner erwartet, dass der andere seine Bedürfnisse ohne Worte erkennt, kann dies zu Frustration und Enttäuschung führen. Hier ist es hilfreich, regelmäßig Gespräche über Gefühle und Bedürfnisse zu führen und aktiv zuzuhören.

Ein weiterer Aspekt sind externe Belastungen wie beruflicher Druck oder finanzielle Unsicherheiten. Diese Faktoren können nicht nur den Einzelnen belasten, sondern auch die Dynamik innerhalb der Partnerschaft beeinflussen. Paare sollten sich bewusst Zeit nehmen, um über diese Herausforderungen zu sprechen und gemeinsam Strategien zur Bewältigung zu entwickeln. Das Teilen von Sorgen kann entlastend wirken und das Gefühl der Zusammengehörigkeit stärken.

- **Unrealistische Erwartungen:** Oft setzen sich Paare selbst unter Druck durch unrealistische Vorstellungen davon, wie eine perfekte Beziehung aussehen sollte.
- **Mangelnde Zeit füreinander:** In hektischen Lebensphasen kann es schwierig sein, qualitativ hochwertige Zeit miteinander zu verbringen.
- **Kindererziehung:** Unterschiedliche Ansichten über Erziehungsstile können ebenfalls Konflikte hervorrufen.

Zusätzlich sollten Paare darauf achten, wie sie mit Konflikten umgehen. Unverarbeitete Streitigkeiten können sich aufstauen und langfristig zu einem erhöhten Stresslevel führen. Es ist ratsam, Konflikte zeitnah anzusprechen und konstruktiv nach Lösungen zu suchen. Die Fähigkeit zur Kompromissfindung spielt hierbei eine zentrale Rolle.

Letztlich erfordert die Identifikation von Stressquellen sowohl Selbstreflexion als auch Offenheit gegenüber dem Partner. Indem beide Partner bereit sind, ihre eigenen Beiträge zum Stress in der Beziehung zu erkennen und darüber offen zu kommunizieren, schaffen sie eine solide Grundlage für eine gesunde Partnerschaft.

9.2 Gemeinsame Bewältigungsstrategien

Gemeinsame Bewältigungsstrategien sind für Paare von entscheidender Bedeutung, um Stress effektiv zu managen und die Beziehung zu stärken. In Zeiten hoher Belastung ist es wichtig, dass beide Partner zusammenarbeiten, um Lösungen zu finden und sich gegenseitig zu unterstützen. Diese Strategien fördern nicht nur das individuelle Wohlbefinden, sondern auch die emotionale Verbindung zwischen den Partnern.

Ein zentraler Aspekt gemeinsamer Bewältigungsstrategien ist die Förderung offener Kommunikation. Paare sollten regelmäßig Zeit einplanen, um über ihre Gefühle und Herausforderungen zu sprechen. Dies kann in Form von wöchentlichen „Check-ins" geschehen, bei denen jeder Partner seine Gedanken und Sorgen äußern kann. Solche Gespräche schaffen ein Gefühl der Sicherheit und des Verständnisses, was dazu beiträgt, Missverständnisse frühzeitig auszuräumen.

Zusätzlich ist es hilfreich, gemeinsame Aktivitäten zu planen, die Entspannung und Freude bringen. Ob es sich um einen gemeinsamen Spaziergang handelt oder um das Ausprobieren eines neuen Hobbys – solche Erlebnisse können helfen, den Alltagsstress abzubauen und positive Erinnerungen zu schaffen. Das Teilen von positiven Erfahrungen stärkt nicht nur die Bindung, sondern bietet auch eine willkommene Ablenkung von stressigen Situationen.

Ein weiterer wichtiger Punkt ist das Entwickeln von Problemlösungsfähigkeiten als Team. Wenn Paare gemeinsam an Herausforderungen arbeiten – sei es finanzielle Schwierigkeiten oder familiäre Konflikte – können sie kreative Lösungen finden und sich gegenseitig motivieren. Hierbei ist es wichtig, dass beide Partner aktiv an der Lösungsfindung teilnehmen und ihre Ideen respektiert werden.

Schließlich sollten Paare auch Techniken zur Stressbewältigung erlernen, wie z.B. Achtsamkeit oder Atemübungen. Diese Methoden können helfen, in stressigen Momenten Ruhe zu bewahren und gelassener miteinander umzugehen. Indem beide Partner diese Techniken gemeinsam praktizieren, wird nicht nur der individuelle Stress reduziert, sondern auch das Gefühl der Zusammengehörigkeit gestärkt.

9.3 Entspannungstechniken für Paare

Entspannungstechniken sind ein wesentlicher Bestandteil des Stressmanagements in Beziehungen. Sie helfen Paaren, nicht nur individuelle Spannungen abzubauen, sondern auch die emotionale Verbindung zueinander zu stärken. In stressigen Zeiten können gezielte Entspannungsübungen dazu beitragen, Konflikte zu minimieren und das allgemeine Wohlbefinden zu fördern.

Eine der effektivsten Techniken ist die **Atemübung**. Paare können gemeinsam einfache Atemtechniken erlernen, wie zum Beispiel die 4-7-8-Methode: Vier Sekunden einatmen, sieben Sekunden den Atem anhalten und acht Sekunden ausatmen. Diese Übung kann in stressigen Momenten durchgeführt werden und fördert eine ruhige Atmosphäre zwischen den Partnern.

Ein weiterer Ansatz ist die **Achtsamkeitsmeditation**. Indem Paare regelmäßig Zeit für Achtsamkeitspraxis einplanen, können sie lernen, im Moment präsent zu sein und ihre Gedanken sowie Emotionen ohne Urteil wahrzunehmen. Dies kann durch geführte Meditationen oder einfaches Sitzen in Stille geschehen. Solche Praktiken fördern nicht nur die persönliche Gelassenheit, sondern auch das Verständnis füreinander.

Gemeinsame Yoga-Sitzungen bieten eine weitere Möglichkeit zur Entspannung. Durch körperliche Bewegung in Kombination mit bewusster Atmung können Paare Stress abbauen und gleichzeitig ihre körperliche Fitness verbessern. Yoga fördert zudem das Gefühl von Verbundenheit und Intimität zwischen den Partnern.

- **Paarmassagen:** Das gegenseitige Massieren kann nicht nur Verspannungen lösen, sondern auch eine intime Verbindung schaffen.
- **Naturerlebnisse:** Gemeinsame Ausflüge in die Natur haben nachweislich positive Auswirkungen auf das psychische Wohlbefinden und fördern entspannte Gespräche.
- **Kreative Aktivitäten:** Malen oder Musizieren zusammen kann als therapeutisches Ventil dienen und gleichzeitig Spaß machen.

Indem Paare diese Entspannungstechniken regelmäßig praktizieren, schaffen sie einen Raum für Erholung und Nähe. Es ist wichtig, dass beide Partner aktiv teilnehmen und sich gegenseitig unterstützen, um die positiven Effekte dieser Techniken voll auszuschöpfen.

10
Die Kunst des Zuhörens

10.1 Aktives Zuhören praktizieren

Aktives Zuhören ist eine essenzielle Fähigkeit, die nicht nur die Kommunikation in einer Partnerschaft verbessert, sondern auch das emotionale Band zwischen den Partnern stärkt. In einer Zeit, in der Ablenkungen allgegenwärtig sind und echte Gespräche oft zu kurz kommen, wird aktives Zuhören zu einem unverzichtbaren Werkzeug für Paare, die ihre Beziehung vertiefen möchten.

Der Prozess des aktiven Zuhörens geht über das bloße Hören von Worten hinaus; er erfordert Engagement und Empathie. Es bedeutet, sich voll und ganz auf den Gesprächspartner einzulassen und dessen Gedanken und Gefühle wirklich zu verstehen. Dies kann durch verschiedene Techniken erreicht werden:

- **Augenkontakt herstellen:** Durch direkten Blickkontakt signalisieren Sie Interesse und Aufmerksamkeit.
- **Körperliche Präsenz zeigen:** Eine offene Körperhaltung und Nicken während des Gesprächs fördern ein Gefühl der Verbundenheit.
- **Zusammenfassen und Nachfragen:** Wiederholen Sie wichtige Punkte oder stellen Sie klärende Fragen, um sicherzustellen, dass Sie richtig verstanden haben.

Ein weiterer wichtiger Aspekt des aktiven Zuhörens ist die emotionale Resonanz. Indem man die Emotionen des Partners anerkennt – sei es Freude, Trauer oder Frustration – zeigt man Verständnis und Mitgefühl. Dies kann durch einfache Aussagen wie „Ich verstehe, dass du dich so fühlst" geschehen. Solche Bestätigungen helfen dem Partner zu erkennen, dass seine Gefühle validiert werden.

Zudem ist es wichtig, während des Zuhörens Vorurteile oder eigene Meinungen beiseite zu lassen. Oft neigen wir dazu, sofort Ratschläge geben oder Lösungen anbieten zu wollen. Stattdessen sollte der Fokus darauf liegen, den anderen ausreden zu lassen und ihm Raum für seine Gedanken zu geben. Diese Geduld fördert nicht nur das Vertrauen in der Beziehung, sondern ermöglicht auch tiefere Einsichten in die Bedürfnisse des Partners.

Letztlich trägt aktives Zuhören entscheidend dazu bei, Missverständnisse abzubauen und Konflikte konstruktiv anzugehen. Paare sollten regelmäßig üben, diese Technik anzuwenden – sei es im Alltag oder in speziellen Gesprächen über wichtige Themen. Durch kontinuierliches Üben wird aktives Zuhören zur zweiten Natur und führt langfristig zu einer harmonischeren Beziehung.

10.2 Feedback geben und empfangen

Feedback ist ein zentraler Bestandteil jeder zwischenmenschlichen Kommunikation, insbesondere in Beziehungen. Es ermöglicht den Partnern, ihre Gedanken und Gefühle auszudrücken und gleichzeitig die Perspektive des anderen zu verstehen. Die Fähigkeit, konstruktives Feedback zu geben und zu empfangen, trägt entscheidend zur Stärkung der emotionalen Bindung bei und fördert das persönliche Wachstum.

Beim Geben von Feedback ist es wichtig, eine respektvolle und unterstützende Sprache zu wählen. Anstatt Vorwürfe zu erheben oder den Partner anzugreifen, sollte man sich auf spezifische Verhaltensweisen konzentrieren. Zum Beispiel könnte man sagen: „Ich habe bemerkt, dass du oft spät nach Hause kommst, was mich besorgt macht", anstatt „Du kümmerst dich nicht um unsere Vereinbarungen". Diese Formulierung fördert ein offenes Gespräch und verhindert defensive Reaktionen.

Ein weiterer wichtiger Aspekt beim Feedbackgeben ist die Balance zwischen positiven und negativen Rückmeldungen. Studien zeigen, dass Menschen besser auf Kritik reagieren, wenn sie auch Lob erhalten. Ein Ansatz könnte sein, mit einem positiven Kommentar zu beginnen, gefolgt von dem konstruktiven Feedback und schließlich wieder etwas Positivem abzuschließen – oft als „Sandwich-Methode" bezeichnet.

Das Empfangen von Feedback kann für viele herausfordernd sein. Es erfordert Offenheit und die Bereitschaft zur Selbstreflexion. Um dies zu erleichtern, sollten Partner aktiv zuhören und versuchen, das Feedback ohne sofortige Abwehrreaktionen aufzunehmen. Eine hilfreiche Technik besteht darin, nachzufragen: „Was genau meinst du damit?" oder „Wie könnte ich das besser machen?". Solche Fragen zeigen Interesse an der Meinung des Partners und fördern einen produktiven Dialog.

Zusätzlich ist es wichtig, den Kontext des Feedbacks zu berücksichtigen. In stressigen Zeiten oder während emotionaler Konflikte kann selbst gut gemeintes Feedback falsch interpretiert werden. Daher sollten Paare darauf achten, geeignete Momente für solche Gespräche auszuwählen – idealerweise in ruhigen Phasen der Beziehung.

Letztlich ist das Geben und Empfangen von Feedback ein dynamischer Prozess, der kontinuierliche Übung erfordert. Durch regelmäßige Reflexion über eigene Bedürfnisse sowie die des Partners können Beziehungen gestärkt werden. Indem beide Partner lernen, wie sie konstruktiv kommunizieren können, schaffen sie eine Atmosphäre des Vertrauens und der Unterstützung.

10.3 Missverständnisse klären

Missverständnisse sind ein häufiges Phänomen in der zwischenmenschlichen Kommunikation und können zu Konflikten und Spannungen führen, wenn sie nicht rechtzeitig geklärt werden. Die Fähigkeit, Missverständnisse zu erkennen und aufzulösen, ist entscheidend für die Aufrechterhaltung gesunder Beziehungen. In diesem Abschnitt wird untersucht, wie man Missverständnisse effektiv identifizieren und klären kann, um die Kommunikation zu verbessern.

Ein erster Schritt zur Klärung von Missverständnissen besteht darin, aktiv zuzuhören. Oftmals entstehen Missverständnisse aus ungenauen Annahmen oder unvollständigen Informationen. Indem man dem Gesprächspartner aufmerksam zuhört und dessen Aussagen paraphrasiert – beispielsweise mit „Was ich höre, ist…" – kann man sicherstellen, dass man die Botschaft korrekt verstanden hat. Diese Technik fördert nicht nur das Verständnis, sondern zeigt auch Wertschätzung für die Perspektive des anderen.

Ein weiterer wichtiger Aspekt ist die Bereitschaft zur Selbstreflexion. Manchmal tragen wir selbst zu Missverständnissen bei, sei es durch unsere Wortwahl oder durch nonverbale Signale. Es ist hilfreich, sich bewusst zu machen, wie eigene Emotionen oder Vorurteile die Wahrnehmung beeinflussen können. Ein offenes Eingeständnis eigener Fehler kann dazu beitragen, Spannungen abzubauen und eine konstruktive Diskussion zu fördern.

Zusätzlich sollte der Kontext berücksichtigt werden: Stressige Situationen oder emotionale Belastungen können dazu führen, dass Worte anders interpretiert werden als beabsichtigt. Daher ist es ratsam, schwierige Gespräche in einem ruhigen Moment zu führen und einen geeigneten Rahmen dafür zu schaffen. Dies könnte bedeuten, einen neutralen Ort auszuwählen oder einen Zeitpunkt abzustimmen, an dem beide Partner entspannt sind.

Letztlich erfordert das Klären von Missverständnissen Geduld und Empathie. Es ist wichtig, den Dialog offen zu halten und Raum für Fragen zu lassen: „Wie hast du das gemeint?" oder „Kannst du mir mehr darüber erzählen?". Solche Fragen laden den Partner ein, seine Sichtweise ausführlicher darzulegen und helfen dabei, Klarheit zu schaffen.

11
Veränderungen gemeinsam meistern

11.1 Anpassungsfähigkeit in Beziehungen

Anpassungsfähigkeit ist ein entscheidender Faktor für das Gelingen von Beziehungen. In einer Welt, die sich ständig verändert, müssen Partner bereit sein, sich auf neue Gegebenheiten einzustellen und ihre Dynamik entsprechend anzupassen. Diese Flexibilität ermöglicht es Paaren, Herausforderungen gemeinsam zu bewältigen und eine tiefere Verbindung zueinander aufzubauen.

Ein zentraler Aspekt der Anpassungsfähigkeit ist die Bereitschaft zur Kommunikation. Paare sollten offen über ihre Bedürfnisse und Erwartungen sprechen, insbesondere wenn sich Lebensumstände ändern – sei es durch einen Jobwechsel, den Umzug in eine neue Stadt oder die Geburt eines Kindes. Solche Veränderungen können Stress verursachen, aber sie bieten auch die Möglichkeit, als Team zu wachsen und Lösungen zu finden.

Darüber hinaus spielt Empathie eine wesentliche Rolle bei der Anpassungsfähigkeit. Wenn Partner in der Lage sind, die Perspektive des anderen zu verstehen und dessen Gefühle nachzuvollziehen, wird es einfacher, Kompromisse einzugehen. Dies fördert nicht nur das Verständnis füreinander, sondern stärkt auch das Vertrauen innerhalb der Beziehung.

- Die Fähigkeit zur Selbstreflexion: Partner sollten regelmäßig über ihre eigenen Bedürfnisse und Verhaltensweisen nachdenken.
- Offene Kommunikation: Ein regelmäßiger Austausch über Gefühle und Gedanken hilft dabei, Missverständnisse frühzeitig auszuräumen.
- Kreativität bei Problemlösungen: Paare sollten ermutigt werden, innovative Ansätze zur Bewältigung von Konflikten oder Herausforderungen zu entwickeln.

Ein Beispiel für erfolgreiche Anpassungsfähigkeit könnte ein Paar sein, das während einer schwierigen Phase ihrer Beziehung beschließt, gemeinsam an einem Kommunikationsworkshop teilzunehmen. Durch diese Erfahrung lernen sie nicht nur effektiver miteinander zu kommunizieren, sondern entdecken auch neue Wege der Interaktion und Unterstützung füreinander.

Letztlich ist Anpassungsfähigkeit nicht nur eine Reaktion auf äußere Umstände; sie ist auch eine proaktive Haltung gegenüber dem Wachstum innerhalb der Beziehung. Indem Paare bereit sind, sich weiterzuentwickeln und anpassungsfähig zu bleiben, schaffen sie eine solide Grundlage für eine langfristige Partnerschaft voller Liebe und Verständnis.

11.2 Unterstützung bei Lebensveränderungen

Lebensveränderungen sind unvermeidlich und können sowohl positive als auch negative Auswirkungen auf Individuen und deren Beziehungen haben. Die Unterstützung in solchen Zeiten ist entscheidend, um die Herausforderungen zu bewältigen und das emotionale Wohlbefinden zu fördern. Diese Unterstützung kann in verschiedenen Formen auftreten, sei es durch Freunde, Familie oder professionelle Hilfe.

Ein wichtiger Aspekt der Unterstützung bei Lebensveränderungen ist die Schaffung eines stabilen Netzwerks. Menschen, die sich in schwierigen Situationen befinden, profitieren oft von einem starken sozialen Umfeld. Dieses Netzwerk bietet nicht nur emotionale Rückendeckung, sondern auch praktische Hilfe. Beispielsweise kann ein Umzug in eine neue Stadt durch die Unterstützung von Freunden erleichtert werden, die beim Packen helfen oder lokale Informationen bereitstellen.

Darüber hinaus spielt Kommunikation eine zentrale Rolle. Offene Gespräche über Ängste und Erwartungen können dazu beitragen, Missverständnisse zu vermeiden und den Druck zu verringern. Wenn Partner oder Freunde ihre Gedanken teilen, entsteht ein Gefühl der Verbundenheit und des Verständnisses. Dies ist besonders wichtig während Übergangsphasen wie dem Verlust eines geliebten Menschen oder einer beruflichen Neuorientierung.

Professionelle Unterstützung kann ebenfalls von großem Wert sein. Therapeuten oder Coaches bieten Werkzeuge an, um mit Veränderungen umzugehen und persönliche Ziele zu erreichen. Sie helfen dabei, Strategien zur Stressbewältigung zu entwickeln und fördern die Selbstreflexion. Ein Beispiel könnte eine Person sein, die nach einer Trennung einen Coach aufsucht, um ihre Emotionen besser zu verarbeiten und neue Perspektiven für ihr Leben zu finden.

Zusammenfassend lässt sich sagen, dass die Unterstützung bei Lebensveränderungen nicht nur eine Frage des Gebens oder Empfangens ist; sie erfordert aktives Engagement von beiden Seiten. Indem Menschen bereit sind, sich gegenseitig zuzuhören und Hilfe anzubieten, schaffen sie ein unterstützendes Umfeld, das es allen Beteiligten ermöglicht, gestärkt aus Veränderungen hervorzugehen.

11.3 Resilienz als Paar entwickeln

Die Entwicklung von Resilienz als Paar ist ein entscheidender Prozess, der nicht nur die individuelle Stärke fördert, sondern auch die Beziehung vertieft. In Zeiten von Herausforderungen und Veränderungen ist es wichtig, dass Partner gemeinsam an ihrer Widerstandsfähigkeit arbeiten. Dies stärkt nicht nur das Vertrauen zueinander, sondern ermöglicht es beiden, besser mit Stress und Unsicherheiten umzugehen.

Ein zentraler Aspekt der Resilienzentwicklung in einer Partnerschaft ist die Förderung offener Kommunikation. Paare sollten regelmäßig über ihre Gefühle, Ängste und Erwartungen sprechen. Diese Gespräche schaffen ein Gefühl der Sicherheit und des Verständnisses. Wenn beide Partner wissen, dass sie sich gegenseitig unterstützen können, sind sie besser gerüstet, um Krisen zu bewältigen. Ein Beispiel könnte eine Situation sein, in der ein Partner berufliche Schwierigkeiten hat; durch offene Gespräche kann der andere Partner emotionale Unterstützung bieten und gemeinsam Lösungen erarbeiten.

Zusätzlich zur Kommunikation spielt das gemeinsame Erleben von Herausforderungen eine wichtige Rolle bei der Stärkung der Resilienz. Paare können gezielt Situationen suchen oder schaffen, in denen sie zusammenarbeiten müssen – sei es beim Lösen eines Problems im Alltag oder beim Bewältigen größerer Lebensveränderungen wie einem Umzug oder dem Verlust eines Angehörigen. Solche gemeinsamen Erfahrungen fördern den Teamgeist und stärken das Gefühl der Zusammengehörigkeit.

Ein weiterer wichtiger Faktor ist die Fähigkeit zur Empathie. Paare sollten lernen, sich in die Lage des anderen zu versetzen und dessen Perspektive nachzuvollziehen. Dies kann durch aktives Zuhören geschehen: Statt sofort Ratschläge zu geben oder Lösungen anzubieten, sollten Partner zunächst versuchen zu verstehen, was der andere fühlt und denkt. Diese empathische Herangehensweise trägt dazu bei, Missverständnisse zu vermeiden und Konflikte konstruktiv zu lösen.

Schließlich ist es hilfreich, Rituale oder regelmäßige „Check-ins" einzuführen – Momente im Alltag, in denen Paare bewusst innehalten und reflektieren können, wie es ihnen geht und wo sie Unterstützung benötigen. Solche Praktiken fördern nicht nur die Resilienz als Paar, sondern tragen auch zur emotionalen Intimität bei.

12
Humor in der Partnerschaft

12.1 Lachen als Bindemittel

Lachen spielt eine entscheidende Rolle in der Dynamik von Partnerschaften. Es ist nicht nur ein Ausdruck von Freude, sondern auch ein kraftvolles Werkzeug zur Stärkung der emotionalen Verbindung zwischen Partnern. In einer Welt, in der Stress und Herausforderungen allgegenwärtig sind, kann gemeinsames Lachen als Puffer gegen die Belastungen des Alltags wirken und das Gefühl der Zusammengehörigkeit fördern.

Die Fähigkeit, über gemeinsame Erlebnisse zu lachen, schafft Erinnerungen, die Paare zusammenschweißen. Humor ermöglicht es den Partnern, schwierige Situationen mit Leichtigkeit zu betrachten und Konflikte auf eine weniger angespannte Weise anzugehen. Wenn Paare in der Lage sind, humorvolle Perspektiven einzunehmen, können sie Missverständnisse oft schneller klären und Spannungen abbauen.

Ein weiterer Aspekt des Lachens in Beziehungen ist seine Fähigkeit, Intimität zu fördern. Gemeinsames Lachen setzt Endorphine frei und steigert das Wohlbefinden beider Partner. Diese positiven Emotionen tragen dazu bei, dass sich beide Partner sicherer fühlen und ihre Verletzlichkeit zeigen können. Ein Paar, das zusammen lacht, hat oft eine tiefere emotionale Verbindung und kann offener über seine Gefühle sprechen.

Darüber hinaus kann Humor auch als Kommunikationsmittel dienen. Paare können durch witzige Bemerkungen oder kleine Scherze ihre Gedanken und Gefühle ausdrücken, ohne dass es zu Missverständnissen kommt. Dies fördert nicht nur die Kommunikation, sondern hilft auch dabei, eine positive Atmosphäre innerhalb der Beziehung aufrechtzuerhalten.

- Lachen reduziert Stress und fördert Entspannung.
- Gemeinsame humorvolle Erlebnisse stärken die Bindung.
- Humor erleichtert die Konfliktlösung.

Insgesamt zeigt sich: Lachen ist mehr als nur ein Zeichen von Freude; es ist ein essentielles Element für eine gesunde Partnerschaft. Indem Paare aktiv Humor in ihren Alltag integrieren – sei es durch gemeinsame Aktivitäten wie Komödienabende oder einfach durch das Teilen lustiger Anekdoten – können sie ihre Beziehung nachhaltig stärken und bereichern.

12.2 Leichtigkeit im Alltag bewahren

Die Bewahrung von Leichtigkeit im Alltag ist ein entscheidender Faktor für das Wohlbefinden in einer Partnerschaft. In der Hektik des täglichen Lebens, geprägt von Verpflichtungen und Stress, kann es leicht passieren, dass Paare die Freude und Unbeschwertheit aus den Augen verlieren. Eine positive Grundhaltung und die Fähigkeit, auch in schwierigen Momenten Humor zu finden, sind essenziell, um eine harmonische Beziehung aufrechtzuerhalten.

Ein wichtiger Aspekt der Leichtigkeit ist die gemeinsame Zeitgestaltung. Paare sollten bewusst Momente schaffen, in denen sie sich entspannen und Spaß haben können. Dies kann durch regelmäßige Date-Nights geschehen oder durch spontane Ausflüge ins Grüne. Solche Aktivitäten fördern nicht nur das Miteinander, sondern helfen auch dabei, den Alltagsstress hinter sich zu lassen und neue Erinnerungen zu schaffen.

Darüber hinaus spielt die Kommunikation eine zentrale Rolle bei der Erhaltung der Leichtigkeit. Offene Gespräche über Wünsche und Bedürfnisse ermöglichen es Partnern, Missverständnisse frühzeitig auszuräumen und Konflikte zu vermeiden. Wenn beide Partner bereit sind, ihre Gedanken humorvoll zu teilen oder auch mal über sich selbst zu lachen, wird die Atmosphäre entspannter und zugänglicher.

Ein weiterer wichtiger Punkt ist die Akzeptanz von Unvollkommenheiten. Perfektionismus kann schnell zur Belastung werden; daher ist es hilfreich, kleine Fehler oder Missgeschicke mit einem Lächeln zu betrachten. Paare sollten lernen, sich gegenseitig nicht allzu ernst zu nehmen und stattdessen gemeinsam über alltägliche Pannen zu schmunzeln.

- Gemeinsame Aktivitäten stärken das Band zwischen Partnern.
- Offene Kommunikation fördert Verständnis und reduziert Spannungen.
- Akzeptanz von Unvollkommenheiten schafft Raum für Humor.

Letztlich trägt die bewusste Entscheidung für Leichtigkeit dazu bei, dass Paare resilienter gegenüber Herausforderungen werden. Indem sie Humor als Teil ihres Alltags integrieren – sei es durch witzige Anekdoten oder gemeinsames Lachen über kleine Missgeschicke – können sie ihre Beziehung nachhaltig stärken und bereichern.

12.3 Humorvolle Konfliktlösungen

Humorvolle Konfliktlösungen sind ein wertvolles Werkzeug in jeder Partnerschaft. Sie ermöglichen es, Spannungen abzubauen und schwierige Gespräche auf eine leichtere Art zu führen. In Momenten der Auseinandersetzung kann Humor als Brücke dienen, die Partner wieder näher zusammenbringt und hilft, Missverständnisse zu klären.

Ein zentraler Aspekt humorvoller Konfliktlösungen ist die Fähigkeit, über sich selbst lachen zu können. Wenn Partner in der Lage sind, ihre eigenen Fehler oder Schwächen mit einem Augenzwinkern zu betrachten, wird die Atmosphäre weniger angespannt. Dies fördert nicht nur das Verständnis füreinander, sondern zeigt auch, dass niemand perfekt ist. Ein Beispiel könnte sein, wenn einer der Partner beim Kochen ein Gericht misslingt und beide darüber lachen können – anstatt sich über das Missgeschick zu ärgern.

Darüber hinaus kann das Einbringen von Humor in Streitgespräche dazu beitragen, den Fokus von den negativen Emotionen wegzulenken. Anstatt sich in Vorwürfen zu verlieren, könnten Paare versuchen, witzige Vergleiche oder Metaphern einzuführen. Zum Beispiel könnte man sagen: „Das ist wie bei einem schlechten Film – wir sollten einfach die Szene überspringen!" Solche humorvollen Bemerkungen können helfen, die Schwere des Moments aufzulockern und Raum für konstruktive Lösungen zu schaffen.

Es ist jedoch wichtig zu beachten, dass Humor sensibel eingesetzt werden sollte. Ironie oder Sarkasmus können leicht missverstanden werden und den Konflikt verschärfen statt ihn zu lösen. Daher sollten Partner darauf achten, dass ihr Humor respektvoll bleibt und nicht verletzend wirkt. Eine gute Strategie ist es auch, humorvolle Elemente im Voraus festzulegen – etwa durch einen „Humor-Code", der besagt: „Wenn wir uns streiten, versuchen wir immer zuerst einen Witz einzubringen."

Letztlich trägt die Integration von Humor in Konfliktsituationen dazu bei, eine positive Kommunikationskultur innerhalb der Beziehung aufzubauen. Paare lernen so nicht nur besser miteinander umzugehen, sondern stärken auch ihr emotionales Band durch gemeinsame Lacher und Erlebnisse.

13
Grenzen respektieren

13.1 Persönliche Freiräume schaffen

In einer gesunden Partnerschaft ist es von entscheidender Bedeutung, persönliche Freiräume zu schaffen und zu respektieren. Diese Freiräume ermöglichen es jedem Partner, sich selbst zu entfalten, eigene Interessen zu verfolgen und individuelle Bedürfnisse zu erfüllen. Das Schaffen solcher Freiräume trägt nicht nur zur persönlichen Entwicklung bei, sondern stärkt auch die Beziehung insgesamt.

Ein zentraler Aspekt des Schaffens persönlicher Freiräume ist die Kommunikation. Paare sollten offen über ihre Bedürfnisse sprechen und klären, welche Aktivitäten oder Zeiträume sie für sich selbst benötigen. Dies kann beispielsweise bedeuten, dass ein Partner regelmäßig Zeit mit Freunden verbringt oder Hobbys nachgeht, während der andere ebenfalls seine eigenen Interessen verfolgt. Solche Absprachen fördern das Verständnis füreinander und verhindern Missverständnisse.

Darüber hinaus ist es wichtig, dass beide Partner lernen, die Grenzen des anderen zu respektieren. Jeder Mensch hat unterschiedliche Vorstellungen davon, was persönliche Freiheit bedeutet. Während der eine vielleicht gerne allein liest oder meditiert, könnte der andere sportliche Aktivitäten bevorzugen. Indem man diese Unterschiede anerkennt und akzeptiert, schafft man ein Umfeld des Vertrauens und der Unterstützung.

- Regelmäßige Check-ins: Paare sollten sich regelmäßig austauschen, um sicherzustellen, dass beide Partner genügend Raum für sich selbst haben.
- Gemeinsame Vereinbarungen: Es kann hilfreich sein, feste Zeiten für persönliche Aktivitäten in den gemeinsamen Kalender einzutragen.
- Respekt vor Alleinzeit: Beide Partner sollten verstehen, dass Zeit allein nicht bedeutet, dass die Liebe geringer wird; vielmehr ist sie eine Möglichkeit zur Selbstreflexion und Erneuerung.

Letztlich führt das Schaffen persönlicher Freiräume dazu, dass jeder Partner glücklicher und ausgeglichener ist. Dies wirkt sich positiv auf die Beziehung aus und fördert eine tiefere emotionale Verbindung zwischen den Partnern. Wenn jeder in der Lage ist, seine Individualität auszuleben und gleichzeitig Teil eines Teams zu sein, entsteht eine harmonische Balance in der Partnerschaft.

13.2 Gesunde Grenzen kommunizieren

Die Kommunikation gesunder Grenzen ist ein essenzieller Bestandteil jeder Beziehung, da sie das Fundament für gegenseitigen Respekt und Verständnis bildet. Wenn Partner in der Lage sind, ihre Bedürfnisse und Wünsche klar zu artikulieren, schaffen sie eine Atmosphäre des Vertrauens, die es beiden ermöglicht, sich sicher und respektiert zu fühlen. Dies ist besonders wichtig in einer Zeit, in der individuelle Freiräume oft übersehen werden.

Ein erster Schritt zur effektiven Kommunikation von Grenzen besteht darin, sich selbst über die eigenen Bedürfnisse im Klaren zu sein. Dies erfordert Selbstreflexion und das Bewusstsein dafür, was man in einer Beziehung braucht. Beispielsweise könnte jemand feststellen, dass er regelmäßig Zeit allein benötigt, um sich zu regenerieren oder kreative Projekte zu verfolgen. Diese Erkenntnis sollte dann offen mit dem Partner geteilt werden.

Ein weiterer wichtiger Aspekt ist die Art und Weise, wie Grenzen kommuniziert werden. Es ist ratsam, dies in einem ruhigen Moment zu tun und nicht während eines Konflikts oder unter Stress. Die Verwendung von „Ich-Botschaften" kann hierbei hilfreich sein; anstatt Vorwürfe zu formulieren („Du machst nie Zeit für mich"), könnte man sagen: „Ich fühle mich manchmal überfordert und brauche etwas Zeit für mich selbst." Solche Formulierungen fördern ein konstruktives Gesprächsklima.

Darüber hinaus sollten Paare aktiv zuhören und bereit sein, die Perspektive des anderen zu verstehen. Dies bedeutet nicht nur zuzuhören, sondern auch nachzufragen und Empathie zu zeigen. Wenn beispielsweise ein Partner erklärt, dass er mehr Unterstützung im Alltag benötigt, sollte der andere versuchen herauszufinden, wie diese Unterstützung konkret aussehen könnte.

- Regelmäßige Gespräche: Paare sollten feste Zeiten einplanen, um über ihre Bedürfnisse und Grenzen zu sprechen.
- Klarheit schaffen: Es ist wichtig sicherzustellen, dass beide Partner die geäußerten Grenzen verstehen und akzeptieren.
- Anpassungsfähigkeit: Grenzen können sich im Laufe der Zeit ändern; daher sollte eine offene Kommunikation stets gefördert werden.

Letztlich führt eine klare Kommunikation gesunder Grenzen dazu, dass beide Partner ihre Individualität bewahren können und gleichzeitig eine starke Verbindung aufbauen. Indem sie lernen, respektvoll miteinander umzugehen und aufeinander Rücksicht zu nehmen, stärken sie nicht nur ihre Beziehung sondern auch ihr persönliches Wohlbefinden.

13.3 Respekt vor individuellen Bedürfnissen

Der Respekt vor individuellen Bedürfnissen ist ein zentraler Aspekt jeder gesunden Beziehung. Er bildet die Grundlage für ein harmonisches Miteinander und fördert das persönliche Wachstum beider Partner. In einer Welt, in der oft die eigenen Bedürfnisse zugunsten von gesellschaftlichen Erwartungen oder dem Wohl des Partners zurückgestellt werden, ist es entscheidend, diese Bedürfnisse zu erkennen und zu respektieren.

Ein wichtiger Schritt in diesem Prozess ist die Selbstwahrnehmung. Jeder Mensch hat unterschiedliche Bedürfnisse, sei es nach Nähe, Unabhängigkeit, emotionaler Unterstützung oder persönlichem Raum. Diese Bedürfnisse können sich im Laufe der Zeit ändern und sind stark von persönlichen Erfahrungen und Lebensumständen geprägt. Daher ist es unerlässlich, regelmäßig innezuhalten und sich selbst zu fragen: „Was brauche ich gerade?" Ein Beispiel könnte sein, dass jemand nach einem stressigen Arbeitstag mehr Ruhe benötigt, während der Partner vielleicht eine gemeinsame Aktivität wünscht.

Um den Respekt vor diesen individuellen Bedürfnissen zu fördern, sollten Paare aktiv an ihrer Kommunikation arbeiten. Es reicht nicht aus, nur seine eigenen Wünsche zu äußern; ebenso wichtig ist es, die Bedürfnisse des Partners ernst zu nehmen und darauf einzugehen. Dies kann durch regelmäßige Gespräche geschehen, in denen beide Partner ihre aktuellen Gefühle und Wünsche mitteilen können. Solche Dialoge schaffen nicht nur Verständnis füreinander, sondern stärken auch das Vertrauen innerhalb der Beziehung.

Darüber hinaus spielt Empathie eine entscheidende Rolle beim Respektieren individueller Bedürfnisse. Wenn ein Partner beispielsweise erklärt, dass er mehr Zeit für sich allein benötigt, sollte der andere dies nicht als Ablehnung interpretieren, sondern als Möglichkeit zur Stärkung der eigenen Identität innerhalb der Beziehung. Indem man die Perspektive des anderen annimmt und versucht nachzuvollziehen, wie sich dieser fühlt oder was er braucht, wird eine tiefere Verbindung geschaffen.

Letztlich führt der Respekt vor individuellen Bedürfnissen dazu, dass beide Partner in ihrer Beziehung wachsen können. Sie lernen nicht nur voneinander, sondern entwickeln auch ein tieferes Verständnis für sich selbst und ihre jeweiligen Grenzen. Eine solche Dynamik fördert nicht nur das individuelle Wohlbefinden jedes Einzelnen sondern stärkt auch die gesamte Beziehung nachhaltig.

14
Gemeinsame Freizeitgestaltung

14.1 Aktivitäten, die verbinden

In einer Zeit, in der digitale Kommunikation oft die persönliche Interaktion ersetzt, ist es wichtiger denn je, gemeinsame Aktivitäten zu finden, die Paare näher zusammenbringen. Solche Erlebnisse fördern nicht nur das Verständnis und die Intimität zwischen Partnern, sondern stärken auch das Gefühl der Zugehörigkeit und des gemeinsamen Ziels.

Eine der effektivsten Möglichkeiten, um eine tiefere Verbindung herzustellen, sind gemeinsame Hobbys oder Interessen. Ob es sich um Sportarten wie Radfahren oder Tanzen handelt oder kreative Tätigkeiten wie Malen oder Kochen – das Teilen von Erlebnissen schafft Erinnerungen und fördert den Austausch. Diese Aktivitäten bieten nicht nur einen Raum für Spaß und Entspannung, sondern auch für Teamarbeit und Problemlösung. Wenn Paare gemeinsam Herausforderungen meistern, sei es beim Erlernen eines neuen Tanzschrittes oder beim Zubereiten eines komplizierten Gerichts, stärkt dies ihre Bindung.

Ein weiterer Aspekt gemeinsamer Freizeitgestaltung ist das Reisen. Neue Orte zu entdecken und fremde Kulturen zu erleben kann eine Beziehung auf eine ganz neue Ebene heben. Das Planen einer Reise erfordert Zusammenarbeit und Kompromissbereitschaft – Fähigkeiten, die in jeder Partnerschaft von Bedeutung sind. Während des Reisens haben Paare die Möglichkeit, abseits des Alltagsstresses miteinander zu kommunizieren und sich besser kennenzulernen.

Darüber hinaus können regelmäßige „Date Nights" helfen, den Alltagstrott zu durchbrechen. Diese Abende müssen nicht extravagant sein; sie können einfach ein gemeinsames Abendessen bei Kerzenschein oder ein Filmabend zuhause sein. Wichtig ist dabei die bewusste Entscheidung für Zeit miteinander – ohne Ablenkungen durch Smartphones oder andere Störungen.

Schließlich sollten Paare auch darauf achten, dass sie sich gegenseitig unterstützen und anspornen. Gemeinsame Ziele setzen – sei es im Beruf oder im persönlichen Wachstum – kann ebenfalls eine starke Verbindung schaffen. Indem Partner sich gegenseitig motivieren und feiern, was sie erreicht haben, wird das Gefühl der Verbundenheit weiter gestärkt.

Zusammenfassend lässt sich sagen: Gemeinsame Aktivitäten sind essenziell für eine glückliche Partnerschaft. Sie fördern nicht nur den Austausch von Gedanken und Gefühlen, sondern helfen auch dabei, Herausforderungen gemeinsam zu bewältigen und unvergessliche Erinnerungen zu schaffen.

14.2 Neue Hobbys entdecken

Die Entdeckung neuer Hobbys ist eine bereichernde Möglichkeit, die Freizeitgestaltung in einer Partnerschaft zu vertiefen. In einer Welt, die oft von Routine und Alltagsstress geprägt ist, können neue Aktivitäten nicht nur frischen Wind in die Beziehung bringen, sondern auch das persönliche Wachstum fördern. Das gemeinsame Erlernen neuer Fähigkeiten oder das Ausprobieren unbekannter Interessen schafft nicht nur Erinnerungen, sondern stärkt auch die Bindung zwischen Partnern.

Ein wichtiger Aspekt beim Entdecken neuer Hobbys ist die Offenheit für Neues. Paare sollten bereit sein, sich auf Aktivitäten einzulassen, die sie vielleicht zunächst nicht in Betracht gezogen hätten. Dies könnte alles umfassen – von kreativen Workshops wie Töpfern oder Malen bis hin zu sportlichen Herausforderungen wie Klettern oder Yoga. Solche Erfahrungen bieten nicht nur Spaß und Abwechslung, sondern auch Gelegenheiten zur Teamarbeit und zum gegenseitigen Unterstützen.

Darüber hinaus kann das gemeinsame Ausprobieren neuer Hobbys dazu beitragen, individuelle Talente und Interessen zu entdecken. Vielleicht stellt sich heraus, dass einer der Partner ein verborgenes Talent im Musizieren hat oder eine Leidenschaft für Fotografie entwickelt. Diese neuen Erkenntnisse können nicht nur das Selbstbewusstsein stärken, sondern auch den Respekt und die Bewunderung füreinander vertiefen.

- **Kreative Hobbys:** Gemeinsames Malen oder Basteln fördert den Austausch von Ideen und ermöglicht es Paaren, ihre Kreativität auszuleben.
- **Sportliche Aktivitäten:** Ob Tanzen oder Radfahren – Sport verbindet und bringt Paare in Bewegung.
- **Kochkurse:** Das Zubereiten neuer Gerichte zusammen kann sowohl lehrreich als auch unterhaltsam sein.

Ein weiterer Vorteil des Entdeckens neuer Hobbys ist die Möglichkeit der sozialen Interaktion mit anderen Gleichgesinnten. Durch Kurse oder Gruppenaktivitäten können Paare neue Freundschaften schließen und ihr soziales Netzwerk erweitern. Dies trägt dazu bei, dass sie sich als Teil einer Gemeinschaft fühlen und gemeinsam wachsen können.

Letztlich ist das Entdecken neuer Hobbys eine wertvolle Investition in die Beziehung. Es fördert nicht nur das Verständnis füreinander, sondern bietet auch einen Raum für Abenteuer und gemeinsames Lernen – essentielle Elemente für eine glückliche Partnerschaft.

14.3 Qualität statt Quantität

In der gemeinsamen Freizeitgestaltung ist das Prinzip "Qualität statt Quantität" von zentraler Bedeutung. Es geht nicht darum, wie viel Zeit Paare miteinander verbringen, sondern vielmehr um die Intensität und den Wert dieser gemeinsamen Erlebnisse. Eine tiefere Verbindung entsteht oft durch bedeutungsvolle Interaktionen, die Erinnerungen schaffen und das Verständnis füreinander fördern.

Die Qualität der gemeinsamen Zeit kann durch verschiedene Faktoren beeinflusst werden. Zunächst spielt die Aufmerksamkeit eine entscheidende Rolle. Wenn Partner sich aktiv aufeinander konzentrieren, ohne Ablenkungen wie Smartphones oder Fernseher, können sie tiefere Gespräche führen und emotionale Bindungen stärken. Solche Momente des echten Austauschs sind oft wertvoller als stundenlange gemeinsame Aktivitäten, bei denen die Partner physisch anwesend, aber emotional abwesend sind.

Ein weiterer Aspekt ist die Auswahl der Aktivitäten selbst. Anstatt viele verschiedene Dinge auszuprobieren, sollten Paare gezielt solche Unternehmungen wählen, die beiden Freude bereiten und ihre Interessen widerspiegeln. Dies könnte ein gemeinsames Hobby sein oder regelmäßige Ausflüge zu Orten, die für beide eine besondere Bedeutung haben. Die Schaffung von Ritualen – sei es ein wöchentlicher Spieleabend oder monatliche Ausflüge in die Natur – kann ebenfalls dazu beitragen, dass diese Zeiten als besonders wertvoll empfunden werden.

Darüber hinaus ist es wichtig, dass Paare offen für neue Erfahrungen bleiben und bereit sind, sich gegenseitig herauszufordern. Das bedeutet nicht nur das Ausprobieren neuer Hobbys oder Aktivitäten, sondern auch das Eingehen auf unterschiedliche Bedürfnisse und Wünsche des Partners. Diese Flexibilität fördert nicht nur das individuelle Wachstum innerhalb der Beziehung, sondern stärkt auch das Gefühl der Verbundenheit.

Letztlich zeigt sich: Die Qualität gemeinsamer Erlebnisse hat einen direkten Einfluss auf die Zufriedenheit in einer Partnerschaft. Indem Paare bewusst Zeit miteinander verbringen und diese Momente aktiv gestalten, investieren sie in ihre Beziehung und schaffen eine solide Grundlage für langfristiges Glück.

15
Finanzielle Aspekte der Beziehung

15.1 Gemeinsame Finanzplanung

Die gemeinsame Finanzplanung ist ein entscheidender Aspekt jeder Partnerschaft, der oft übersehen wird. In einer Zeit, in der finanzielle Belastungen und Unsicherheiten zunehmen, ist es für Paare unerlässlich, eine klare und transparente Strategie für ihre Finanzen zu entwickeln. Eine gut durchdachte Finanzplanung fördert nicht nur das Vertrauen zwischen den Partnern, sondern kann auch dazu beitragen, Konflikte zu vermeiden und die gemeinsame Lebensqualität zu verbessern.

Ein erster Schritt in der gemeinsamen Finanzplanung besteht darin, die finanziellen Ziele beider Partner zu definieren. Diese Ziele können von kurzfristigen Wünschen wie dem Kauf eines neuen Autos bis hin zu langfristigen Zielen wie dem Erwerb eines Eigenheims oder der Altersvorsorge reichen. Es ist wichtig, dass beide Partner offen über ihre Erwartungen sprechen und sich auf gemeinsame Prioritäten einigen. Dies schafft eine solide Grundlage für alle weiteren finanziellen Entscheidungen.

Ein weiterer wichtiger Aspekt ist die Erstellung eines gemeinsamen Budgets. Ein Budget hilft dabei, Einnahmen und Ausgaben im Blick zu behalten und sicherzustellen, dass beide Partner an einem Strang ziehen. Hierbei sollten regelmäßige Gespräche über die finanzielle Situation stattfinden, um Anpassungen vorzunehmen und Missverständnisse auszuräumen. Die Verwendung von Apps oder Tools zur Budgetverwaltung kann diesen Prozess erleichtern und Transparenz schaffen.

Zusätzlich zur Budgetierung sollten Paare auch einen Notfallfonds einrichten. Dieser Fonds dient als Sicherheitsnetz in unvorhergesehenen Situationen wie plötzlichen Arbeitslosigkeiten oder unerwarteten Ausgaben. Ein gemeinsamer Notfallfonds stärkt das Gefühl der Sicherheit innerhalb der Beziehung und zeigt das Engagement beider Partner füreinander.

Schließlich ist es ratsam, regelmäßig Rückblicke auf die finanzielle Planung vorzunehmen. Diese Reflexion ermöglicht es den Partnern, ihre Fortschritte zu bewerten und gegebenenfalls Anpassungen vorzunehmen. Durch diese kontinuierliche Kommunikation über Finanzen wird nicht nur das Vertrauen gestärkt, sondern auch die emotionale Bindung gefestigt.

15.2 Offene Gespräche über Geldfragen

Offene Gespräche über Geldfragen sind ein zentraler Bestandteil einer gesunden Beziehung. Sie fördern nicht nur das Verständnis füreinander, sondern helfen auch, Missverständnisse und Konflikte zu vermeiden. In vielen Partnerschaften wird das Thema Geld oft als unangenehm oder tabuisiert betrachtet, was zu Spannungen führen kann. Daher ist es wichtig, eine Kultur der Offenheit und Ehrlichkeit zu schaffen, in der beide Partner ihre finanziellen Gedanken und Sorgen ohne Angst vor Verurteilung äußern können.

Ein erster Schritt in diese Richtung besteht darin, regelmäßige Finanzgespräche einzuführen. Diese sollten nicht nur auf die monatlichen Ausgaben beschränkt sein, sondern auch langfristige finanzielle Ziele und individuelle Wünsche umfassen. Paare könnten beispielsweise einen festen Termin im Monat festlegen, um ihre finanzielle Situation gemeinsam zu besprechen. Solche Gespräche bieten die Möglichkeit, Erwartungen abzugleichen und sicherzustellen, dass beide Partner auf derselben Seite stehen.

Darüber hinaus ist es hilfreich, eine gemeinsame Sprache für finanzielle Themen zu entwickeln. Dies bedeutet nicht nur das Verständnis von Fachbegriffen wie „Budget" oder „Investitionen", sondern auch das Erkennen der emotionalen Aspekte des Geldes. Viele Menschen haben unterschiedliche Hintergründe und Erfahrungen mit Finanzen; daher kann es nützlich sein, diese Unterschiede offen anzusprechen. Ein Partner könnte beispielsweise aus einer Familie stammen, in der Sparsamkeit großgeschrieben wurde, während der andere möglicherweise eine eher großzügige Einstellung zum Geld hat.

Ein weiterer wichtiger Aspekt offener Gespräche über Geld ist die Transparenz bezüglich persönlicher Schulden oder finanzieller Verpflichtungen. Es ist entscheidend, dass beide Partner sich ihrer finanziellen Situation bewusst sind und mögliche Belastungen gemeinsam angehen können. Das Teilen solcher Informationen schafft Vertrauen und zeigt Engagement füreinander.

Zusammenfassend lässt sich sagen, dass offene Gespräche über Geldfragen nicht nur zur Verbesserung der finanziellen Situation eines Paares beitragen können, sondern auch die emotionale Bindung stärken. Indem Paare lernen, ehrlich und respektvoll miteinander über Finanzen zu kommunizieren, legen sie den Grundstein für eine stabile und vertrauensvolle Beziehung.

15.3 Verantwortung teilen

Das Teilen von Verantwortung in einer Beziehung ist ein entscheidender Aspekt, der nicht nur die finanzielle Stabilität fördert, sondern auch das Gefühl der Partnerschaft und des gemeinsamen Engagements stärkt. Wenn beide Partner aktiv an finanziellen Entscheidungen beteiligt sind, wird das Vertrauen gefestigt und die emotionale Bindung vertieft. Es ist wichtig zu erkennen, dass Verantwortung nicht nur eine Frage der finanziellen Beiträge ist, sondern auch der emotionalen Unterstützung und des Verständnisses für die jeweiligen Perspektiven.

Ein effektiver Weg, um Verantwortung zu teilen, besteht darin, klare Rollen und Aufgaben im Umgang mit Finanzen festzulegen. Paare können gemeinsam entscheiden, wer für welche Aspekte zuständig ist – sei es das Erstellen eines Budgets, das Bezahlen von Rechnungen oder das Sparen für gemeinsame Ziele. Diese Aufteilung kann auf den Stärken und Vorlieben jedes Partners basieren. Beispielsweise könnte ein Partner besser im Planen und Organisieren sein, während der andere möglicherweise mehr Erfahrung im Investieren hat.

Darüber hinaus sollten Paare regelmäßig ihre finanziellen Fortschritte überprüfen und gegebenenfalls Anpassungen vornehmen. Dies kann durch monatliche Treffen geschehen, bei denen beide Partner ihre Meinungen äußern können. Solche Gespräche fördern nicht nur die Transparenz über finanzielle Angelegenheiten, sondern ermöglichen es auch beiden Partnern, sich aktiv in den Prozess einzubringen und Verantwortung zu übernehmen.

Ein weiterer wichtiger Aspekt des Teilens von Verantwortung ist die Berücksichtigung individueller Bedürfnisse und Wünsche. Es ist entscheidend, dass beide Partner ihre persönlichen finanziellen Ziele kommunizieren können – sei es der Wunsch nach einem Eigenheim oder die Planung einer Reise. Indem sie diese Ziele in ihre gemeinsamen Finanzstrategien integrieren, schaffen sie ein Gefühl von Zusammenhalt und gemeinsamer Vision.

Zusammenfassend lässt sich sagen, dass das Teilen von Verantwortung in einer Beziehung nicht nur zur Verbesserung der finanziellen Situation beiträgt, sondern auch eine tiefere Verbindung zwischen den Partnern schafft. Durch aktive Teilnahme an finanziellen Entscheidungen entwickeln Paare ein stärkeres Gefühl von Teamarbeit und gegenseitigem Respekt.

16
Langfristige Beziehungsziele

16.1 Meilensteine setzen

Das Setzen von Meilensteinen ist ein entscheidender Schritt in der Entwicklung und Pflege einer langfristigen Beziehung. Diese Meilensteine fungieren als Orientierungspunkte, die Paare dabei unterstützen, ihre Fortschritte zu verfolgen und gemeinsame Ziele zu erreichen. Sie helfen nicht nur dabei, den Weg der Beziehung zu strukturieren, sondern fördern auch das Gefühl der Verbundenheit und des gemeinsamen Wachstums.

Ein wichtiger Aspekt beim Setzen von Meilensteinen ist die Kommunikation zwischen den Partnern. Es ist unerlässlich, dass beide Partner ihre Wünsche und Erwartungen klar artikulieren. Dies kann durch regelmäßige Gespräche geschehen, in denen jeder seine Vorstellungen über zukünftige Schritte in der Beziehung äußert. Solche Gespräche schaffen ein gemeinsames Verständnis darüber, was für beide wichtig ist und welche Ziele sie anstreben möchten.

Meilensteine können vielfältig sein: vom ersten gemeinsamen Urlaub über das Zusammenziehen bis hin zur Planung einer Familie oder dem Kauf eines Hauses. Jedes dieser Ereignisse stellt einen bedeutenden Schritt dar, der nicht nur die Beziehung vertieft, sondern auch neue Herausforderungen mit sich bringt. Indem Paare diese Meilensteine gemeinsam planen und feiern, stärken sie ihr Band zueinander und schaffen Erinnerungen, die ihre Verbindung festigen.

Darüber hinaus sollten Paare darauf achten, realistische und erreichbare Meilensteine zu setzen. Unrealistische Erwartungen können zu Enttäuschungen führen und das Vertrauen beeinträchtigen. Es ist hilfreich, kleinere Zwischenziele festzulegen, die auf dem Weg zum größeren Ziel erreicht werden können. Diese kleinen Erfolge motivieren und zeigen den Partnern, dass sie auf dem richtigen Weg sind.

Zusammenfassend lässt sich sagen, dass das Setzen von Meilensteinen eine wertvolle Strategie für Paare ist, um ihre Beziehung aktiv zu gestalten. Durch klare Kommunikation und das Feiern gemeinsamer Erfolge wird nicht nur die Bindung gestärkt, sondern auch ein Fundament für eine glückliche Zukunft gelegt.

16.2 Reflexion über Fortschritte

Die Reflexion über Fortschritte in einer langfristigen Beziehung ist ein essenzieller Bestandteil, um das Wachstum und die Entwicklung der Partnerschaft zu fördern. Diese Phase ermöglicht es den Partnern, innezuhalten und die gemeinsam zurückgelegte Strecke zu betrachten. Durch diese Rückschau können sie nicht nur Erfolge feiern, sondern auch Herausforderungen identifizieren und bewältigen.

Ein zentraler Aspekt der Reflexion ist die ehrliche Kommunikation zwischen den Partnern. Es ist wichtig, dass beide offen über ihre Gefühle, Wünsche und Bedenken sprechen. Solche Gespräche schaffen ein tiefes Verständnis füreinander und ermöglichen es den Partnern, sich auf eine gemeinsame Vision für die Zukunft zu konzentrieren. Ein Beispiel könnte sein, dass Paare regelmäßig „Check-ins" durchführen, bei denen sie ihre Zufriedenheit mit verschiedenen Aspekten der Beziehung besprechen.

Darüber hinaus kann die Reflexion helfen, Muster im Verhalten oder in der Kommunikation zu erkennen. Oftmals wiederholen sich bestimmte Konflikte oder Missverständnisse aufgrund unbewusster Gewohnheiten. Indem Paare diese Muster identifizieren, können sie gezielt daran arbeiten, ihre Interaktionen zu verbessern und gesündere Kommunikationsstrategien zu entwickeln.

- Erfolge feiern: Das Anerkennen von positiven Veränderungen stärkt das Selbstwertgefühl beider Partner.
- Herausforderungen ansprechen: Offene Diskussionen über Schwierigkeiten fördern das Vertrauen und die Intimität.
- Ziele anpassen: Die Reflexion bietet die Möglichkeit, bestehende Ziele neu zu bewerten und gegebenenfalls anzupassen.

Zusammenfassend lässt sich sagen, dass die Reflexion über Fortschritte nicht nur eine Gelegenheit zur Selbstbeobachtung darstellt, sondern auch einen Raum schafft für gemeinsames Lernen und Wachsen. Indem Paare regelmäßig innehalten und ihre Reise gemeinsam reflektieren, legen sie den Grundstein für eine tiefere Verbindung und ein erfüllteres Miteinander in ihrer langfristigen Beziehung.

16.3 Zielanpassung bei Veränderungen

Die Anpassung von Zielen in einer langfristigen Beziehung ist ein entscheidender Prozess, der oft übersehen wird. Veränderungen im Leben, sei es durch äußere Umstände oder innere Entwicklungen, erfordern eine flexible Herangehensweise an die gemeinsamen Ziele eines Paares. Diese Anpassungsfähigkeit ist nicht nur wichtig für das individuelle Wohlbefinden der Partner, sondern auch für die Stabilität und das Wachstum der Beziehung insgesamt.

Ein zentraler Aspekt der Zielanpassung ist die Bereitschaft zur Kommunikation. Wenn sich Lebensumstände ändern – etwa durch einen Jobwechsel, den Umzug in eine andere Stadt oder die Geburt eines Kindes – müssen Paare offen über ihre neuen Prioritäten sprechen. Solche Gespräche ermöglichen es beiden Partnern, ihre Erwartungen zu klären und sicherzustellen, dass sie auf derselben Wellenlänge sind. Ein Beispiel könnte sein, dass ein Paar nach einem Umzug in eine neue Stadt gemeinsam bespricht, wie sie ihre sozialen Kontakte neu gestalten und welche Freizeitaktivitäten ihnen wichtig sind.

Darüber hinaus spielt die Reflexion über vergangene Ziele eine wichtige Rolle bei der Anpassung neuer Ziele. Paare sollten regelmäßig innehalten und bewerten, welche ihrer ursprünglichen Ziele noch relevant sind und welche möglicherweise nicht mehr zutreffen. Dies kann helfen, unrealistische Erwartungen abzubauen und Raum für neue Visionen zu schaffen. Beispielsweise könnte ein Paar feststellen, dass ihr ursprünglicher Plan für Reisen aufgrund von finanziellen Veränderungen nicht mehr umsetzbar ist und stattdessen lokale Abenteuer ins Auge fassen.

- Offene Kommunikation: Regelmäßige Gespräche über Veränderungen fördern das Verständnis füreinander.
- Reflexion: Die Überprüfung vergangener Ziele hilft dabei, realistische neue Ziele zu setzen.
- Anpassungsfähigkeit: Flexibilität in den Zielen stärkt die Resilienz der Beziehung gegenüber Herausforderungen.

Zusammenfassend lässt sich sagen, dass die Fähigkeit zur Zielanpassung in einer langfristigen Beziehung essenziell ist. Indem Paare proaktiv auf Veränderungen reagieren und ihre gemeinsamen Ziele regelmäßig überprüfen und anpassen, können sie nicht nur ihre Bindung stärken, sondern auch ein erfüllteres gemeinsames Leben führen.

17
Unterstützung durch externe Ressourcen

17.1 Professionelle Hilfe suchen

In einer Zeit, in der Beziehungen häufig durch äußere und innere Herausforderungen belastet werden, kann die Suche nach professioneller Hilfe ein entscheidender Schritt zur Stärkung der Partnerschaft sein. Oftmals sind Paare nicht in der Lage, ihre Probleme allein zu lösen, sei es aufgrund von Kommunikationsschwierigkeiten oder emotionalen Blockaden. Professionelle Unterstützung bietet nicht nur einen neutralen Raum für den Austausch von Gedanken und Gefühlen, sondern auch wertvolle Werkzeuge zur Konfliktbewältigung.

Die Entscheidung, professionelle Hilfe in Anspruch zu nehmen, ist oft mit Vorbehalten verbunden. Viele Paare empfinden Scham oder Angst vor dem Urteil anderer. Es ist jedoch wichtig zu erkennen, dass das Suchen nach Hilfe ein Zeichen von Stärke und Engagement für die Beziehung ist. Therapeuten und Berater sind geschult darin, Paaren dabei zu helfen, ihre Dynamik zu verstehen und neue Wege zur Verbesserung ihrer Interaktionen zu finden.

Ein zentraler Aspekt der professionellen Hilfe ist die Förderung einer offenen Kommunikation. In vielen Fällen können Missverständnisse und unausgesprochene Erwartungen zu Spannungen führen. Ein Therapeut kann dabei helfen, diese Themen anzusprechen und eine respektvolle Gesprächsführung zu erlernen. Durch gezielte Übungen lernen Paare, wie sie ihre Bedürfnisse klar formulieren können, ohne den anderen anzugreifen oder abzulehnen.

Zudem spielt die emotionale Intelligenz eine wesentliche Rolle in der Paartherapie. Fachleute unterstützen Paare dabei, Empathie füreinander zu entwickeln und die Perspektive des Partners besser nachzuvollziehen. Dies fördert nicht nur das Verständnis füreinander, sondern stärkt auch die emotionale Bindung zwischen den Partnern.

Zusammenfassend lässt sich sagen, dass das Suchen nach professioneller Hilfe eine wertvolle Investition in die Beziehung darstellt. Es ermöglicht Paaren nicht nur eine tiefere Einsicht in ihre Dynamik, sondern bietet auch konkrete Strategien zur Verbesserung ihrer Partnerschaft.

Ein weiterer Vorteil professioneller Hilfe liegt in der Möglichkeit zur Reflexion über eigene Verhaltensmuster. Oftmals wiederholen sich Konflikte aufgrund unbewusster Muster aus der eigenen Vergangenheit oder Erziehung. Ein erfahrener Berater kann helfen, diese Muster aufzudecken und alternative Verhaltensweisen vorzuschlagen.

17.2 Bücher und Workshops nutzen

Die Nutzung von Büchern und Workshops stellt eine wertvolle Ressource dar, um die eigene Beziehung zu stärken und weiterzuentwickeln. In einer Zeit, in der viele Paare mit Herausforderungen konfrontiert sind, bieten diese externen Ressourcen nicht nur theoretisches Wissen, sondern auch praktische Werkzeuge zur Verbesserung der Kommunikation und des gegenseitigen Verständnisses.

Bücher über Beziehungen sind oft eine hervorragende Möglichkeit, sich mit verschiedenen Aspekten der Partnerschaft auseinanderzusetzen. Sie decken Themen wie Konfliktlösung, emotionale Intelligenz und Kommunikationsstrategien ab. Ein Beispiel ist das Buch „Die 5 Sprachen der Liebe" von Gary Chapman, das Paaren hilft zu verstehen, wie sie ihre Zuneigung auf unterschiedliche Weise ausdrücken können. Solche Werke regen zur Reflexion an und bieten konkrete Übungen, die Paare in ihren Alltag integrieren können.

Darüber hinaus ermöglichen Workshops eine interaktive Lernerfahrung. Hier haben Paare die Gelegenheit, unter Anleitung von Fachleuten an ihren Fähigkeiten zu arbeiten. Oftmals beinhalten diese Veranstaltungen Rollenspiele oder Gruppenübungen, die es den Teilnehmern erleichtern, neue Kommunikationsmuster auszuprobieren. Die direkte Rückmeldung von Trainern kann dabei helfen, blinde Flecken in der eigenen Beziehung zu erkennen und gezielt daran zu arbeiten.

Ein weiterer Vorteil von Workshops ist die Möglichkeit des Austauschs mit anderen Paaren. Der Kontakt zu Gleichgesinnten kann ermutigend wirken und zeigt auf, dass viele Herausforderungen universell sind. Diese Gemeinschaft bietet nicht nur Unterstützung, sondern auch Inspiration durch verschiedene Perspektiven und Lösungsansätze.

Zusammenfassend lässt sich sagen, dass Bücher und Workshops wertvolle Instrumente sind, um das Verständnis füreinander zu vertiefen und die Beziehung aktiv zu gestalten. Sie fördern nicht nur individuelles Wachstum innerhalb der Partnerschaft, sondern stärken auch das gemeinsame Fundament durch erlernte Fähigkeiten und Strategien.

17.3 Netzwerke aufbauen

Der Aufbau von Netzwerken ist ein entscheidender Schritt zur Unterstützung und Stärkung von Beziehungen. In einer Welt, die zunehmend vernetzt ist, können soziale Kontakte und Gemeinschaften eine wertvolle Ressource darstellen, um Herausforderungen in Partnerschaften zu bewältigen. Netzwerke bieten nicht nur emotionale Unterstützung, sondern auch praktische Ratschläge und Perspektiven von anderen Paaren oder Fachleuten.

Ein effektives Netzwerk kann aus verschiedenen Elementen bestehen, darunter Freunde, Familie, Nachbarn und sogar Kollegen. Diese Personen können als Vertrauenspersonen fungieren, die bereit sind zuzuhören und Ratschläge zu geben. Es ist wichtig, aktiv nach diesen Verbindungen zu suchen und sie zu pflegen. Regelmäßige Treffen oder gemeinsame Aktivitäten stärken nicht nur die Bindungen innerhalb des Netzwerks, sondern fördern auch den Austausch von Erfahrungen und Lösungen für Beziehungsprobleme.

Darüber hinaus können spezialisierte Gruppen oder Online-Communities eine wertvolle Ergänzung zum persönlichen Netzwerk sein. Plattformen wie Foren oder soziale Medien ermöglichen es Paaren, sich mit Gleichgesinnten auszutauschen und voneinander zu lernen. Hier können Paare ihre Geschichten teilen, Fragen stellen und Unterstützung finden – oft in einem anonymen Rahmen, der es erleichtert, offen über persönliche Herausforderungen zu sprechen.

Ein weiterer Aspekt des Netzwerkaufbaus ist die Teilnahme an Veranstaltungen oder Workshops für Paare. Solche Gelegenheiten bieten nicht nur Lernmöglichkeiten durch Expertenvorträge oder interaktive Übungen, sondern auch die Chance, neue Bekanntschaften zu schließen. Der Kontakt zu anderen Paaren in ähnlichen Lebenssituationen kann ermutigend wirken und das Gefühl der Isolation verringern.

Zusammenfassend lässt sich sagen, dass der Aufbau eines starken Netzwerks eine proaktive Strategie darstellt, um Beziehungen zu unterstützen und weiterzuentwickeln. Durch den Austausch mit anderen können Paare nicht nur ihre eigenen Fähigkeiten verbessern, sondern auch ein Gefühl der Zugehörigkeit schaffen – ein wichtiger Faktor für das Wohlbefinden in jeder Partnerschaft.

18
Verantwortung für die eigene Beziehung übernehmen

18.1 Eigenes Verhalten reflektieren

Die Reflexion des eigenen Verhaltens ist ein entscheidender Schritt zur Verbesserung jeder Beziehung. In einer Partnerschaft sind wir oft geneigt, die Verantwortung für Konflikte und Missverständnisse auf den Partner zu schieben. Doch um eine tiefere Verbindung aufzubauen, ist es unerlässlich, sich selbst kritisch zu hinterfragen und das eigene Verhalten zu analysieren.

Ein erster Schritt in diesem Prozess besteht darin, regelmäßig innezuhalten und über die eigenen Reaktionen nachzudenken. Fragen wie „Wie habe ich in dieser Situation reagiert?" oder „Was hat mich dazu gebracht, so zu handeln?" können helfen, Muster im eigenen Verhalten zu erkennen. Diese Selbstreflexion ermöglicht es uns, unsere Emotionen besser zu verstehen und herauszufinden, ob sie angemessen sind oder aus vergangenen Erfahrungen resultieren.

Darüber hinaus kann das Führen eines Tagebuchs eine wertvolle Methode sein, um Gedanken und Gefühle festzuhalten. Indem man seine Erlebnisse schriftlich verarbeitet, wird es einfacher, wiederkehrende Themen oder Probleme zu identifizieren. Dies fördert nicht nur das persönliche Wachstum, sondern auch die Fähigkeit zur Empathie gegenüber dem Partner. Wenn wir unsere eigenen Schwächen erkennen, können wir auch besser nachvollziehen, warum unser Partner in bestimmten Situationen so reagiert.

Ein weiterer wichtiger Aspekt der Selbstreflexion ist die Bereitschaft zur Veränderung. Es reicht nicht aus, nur das eigene Verhalten zu beobachten; wir müssen auch aktiv daran arbeiten, positive Veränderungen herbeizuführen. Dies kann durch gezielte Kommunikation mit dem Partner geschehen: „Ich habe bemerkt, dass ich oft gereizt reagiere. Ich möchte daran arbeiten." Solche Gespräche schaffen Raum für Verständnis und Unterstützung innerhalb der Beziehung.

Zusammenfassend lässt sich sagen, dass die Reflexion des eigenen Verhaltens nicht nur zur persönlichen Entwicklung beiträgt, sondern auch die Grundlage für eine harmonischere Partnerschaft bildet. Indem wir Verantwortung für unser Handeln übernehmen und bereit sind zu lernen und uns weiterzuentwickeln, fördern wir ein Umfeld des Vertrauens und der Offenheit – essentielle Elemente jeder glücklichen Beziehung.

18.2 Proaktive Schritte zur Verbesserung

Die Übernahme von Verantwortung in einer Beziehung erfordert nicht nur Reflexion, sondern auch proaktive Maßnahmen zur Verbesserung. Diese Schritte sind entscheidend, um eine gesunde und harmonische Partnerschaft zu fördern. Indem wir aktiv an der Stärkung unserer Beziehung arbeiten, zeigen wir unserem Partner, dass uns die Verbindung wichtig ist und dass wir bereit sind, in sie zu investieren.

Ein erster proaktiver Schritt besteht darin, regelmäßige Gespräche über die Beziehung zu führen. Diese Gespräche sollten nicht nur in Krisenzeiten stattfinden, sondern als Teil des Alltags integriert werden. Fragen wie „Was läuft gut zwischen uns?" oder „Gibt es etwas, das wir verbessern könnten?" eröffnen einen Raum für ehrlichen Austausch und helfen dabei, Missverständnisse frühzeitig auszuräumen.

Darüber hinaus kann das Setzen gemeinsamer Ziele ein weiterer wichtiger Schritt sein. Indem Paare gemeinsame Visionen entwickeln – sei es für die Zukunft der Beziehung oder für individuelle Lebensziele – schaffen sie ein Gefühl der Zusammengehörigkeit und Motivation. Solche Ziele können von der Planung eines Urlaubs bis hin zu langfristigen Lebensentscheidungen reichen und stärken das Band zwischen den Partnern.

Ein weiterer Aspekt ist die Förderung von positiven Erlebnissen innerhalb der Beziehung. Gemeinsame Aktivitäten wie Sport, Kochen oder Ausflüge können dazu beitragen, die emotionale Verbindung zu vertiefen. Es ist wichtig, regelmäßig Zeit füreinander einzuplanen und diese Momente bewusst zu genießen. Solche Erlebnisse schaffen Erinnerungen und stärken das Vertrauen zueinander.

Schließlich sollte auch die Fähigkeit zur Konfliktlösung aktiv trainiert werden. Paare sollten Techniken erlernen, um Meinungsverschiedenheiten konstruktiv anzugehen. Dies kann durch Workshops oder Bücher geschehen, die sich mit Kommunikationstechniken befassen. Ein respektvoller Umgang miteinander während Auseinandersetzungen fördert nicht nur das Verständnis füreinander, sondern zeigt auch den Willen zur Zusammenarbeit.

Zusammenfassend lässt sich sagen, dass proaktive Schritte zur Verbesserung einer Beziehung essenziell sind für deren langfristigen Erfolg. Durch offene Kommunikation, gemeinsame Ziele sowie positive Erlebnisse können Paare ihre Bindung stärken und Herausforderungen gemeinsam meistern.

18.3 Nachhaltigkeit in der Partnerschaft

Nachhaltigkeit in einer Partnerschaft bedeutet nicht nur, die Beziehung langfristig zu erhalten, sondern auch aktiv an ihrer Entwicklung und Stabilität zu arbeiten. Diese Form der Nachhaltigkeit erfordert ein tiefes Verständnis für die Bedürfnisse und Wünsche beider Partner sowie eine kontinuierliche Anpassung an Veränderungen im Leben. Eine nachhaltige Beziehung ist geprägt von Respekt, Vertrauen und dem Willen, gemeinsam zu wachsen.

Ein zentraler Aspekt der Nachhaltigkeit in der Partnerschaft ist die Fähigkeit zur Anpassung. Lebensumstände ändern sich – sei es durch berufliche Herausforderungen, familiäre Verpflichtungen oder persönliche Entwicklungen. Paare sollten bereit sein, ihre Dynamik regelmäßig zu überprüfen und gegebenenfalls anzupassen. Dies kann durch regelmäßige Reflexionen geschehen, bei denen beide Partner offen über ihre Gefühle und Erwartungen sprechen. Solche Gespräche fördern nicht nur das Verständnis füreinander, sondern helfen auch dabei, Missverständnisse frühzeitig auszuräumen.

Ein weiterer wichtiger Punkt ist die emotionale Intelligenz innerhalb der Beziehung. Paare sollten lernen, die Emotionen des anderen wahrzunehmen und darauf einzugehen. Empathie spielt hierbei eine entscheidende Rolle: Wenn Partner sich gegenseitig unterstützen und aufeinander eingehen, entsteht ein starkes Fundament für eine nachhaltige Beziehung. Gemeinsame Rituale oder Traditionen können ebenfalls dazu beitragen, diese emotionale Verbindung zu stärken und den Zusammenhalt zu fördern.

Zusätzlich ist es wichtig, dass beide Partner Verantwortung für ihr eigenes Wohlbefinden übernehmen. Individuelle Interessen und Hobbys sollten gefördert werden; dies trägt dazu bei, dass jeder Partner seine Identität bewahrt und gleichzeitig die Beziehung bereichert wird. Ein Gleichgewicht zwischen gemeinsamen Aktivitäten und individuellen Freiräumen schafft Raum für persönliches Wachstum und stärkt letztlich die Partnerschaft.

Abschließend lässt sich sagen, dass Nachhaltigkeit in einer Partnerschaft weit über das bloße Überstehen von Krisen hinausgeht. Es geht darum, aktiv an der Beziehung zu arbeiten, sich gegenseitig zu unterstützen und gemeinsam an einer positiven Zukunft zu bauen. Durch offene Kommunikation, emotionale Intelligenz sowie individuelle Entfaltung können Paare eine stabile Grundlage schaffen, auf der ihre Liebe gedeihen kann.

Referenzen:
- Gottman, J. M. (1999). Die sieben Geheimnisse erfolgreicher Ehen.
- Seligman, M. E. P. (2011). Flourish: A Visionary New Understanding of Happiness and Well-being.
- Goleman, D. (2011). Emotionale Intelligenz: Warum sie wichtiger ist als IQ.
- Rosenberg, M. B. (2003). Gewaltfreie Kommunikation: Eine Sprache des Lebens.
- Brown, B. (2012). Die Kraft der Verletzlichkeit: Wie wir uns mit anderen verbinden.
- Klein, C. (2021). Emotionale Bindung und Finanzen: Eine Studie.
- Müller, A. (2020). Finanzielle Partnerschaft: Gemeinsam stark.
- Schmidt, H. (2015). Kommunikation in Beziehungen: Grundlagen und Strategien.
- Küstenmacher, W. & Küstenmacher, M. (2010). Humorvoll leben – humorvoll lieben.
- Fredrickson, B. L. (2009). Die Macht der positiven Emotionen.
- Miller, R. S., & Perlman, D. (2009). Intimate Relationships.
- Kabat-Zinn, J. (2011). Gesund durch Meditation: Achtsamkeit und Stressbewältigung.
- Baumeister, R. F., & Leary, M. R. (1995). The need to belong: Desire for interpersonal attachments as a fundamental human motivation.
- Schmidt, A. (2020). Kommunikation in Beziehungen: Ein Leitfaden für Paare.
- Holt, L. J., & DeVito, J. A. (2016). Kommunikation in Beziehungen.

© 2024 Alexander Armin

Verlag: BoD · Books on Demand GmbH, In de Tarpen 42,
22848 Norderstedt, bod@bod.de
Druck: Libri Plureos GmbH, Friedensallee 273,
22763 Hamburg
ISBN: 978-3-7693-7597-8

„Glückliche Partnerschaft – praktische Tipps und Übungen für jeden Tag" ist ein wertvolles Werk, das Paare dabei unterstützt, ihre Beziehung zu stärken und die Herausforderungen des Alltags gemeinsam zu meistern. In einer Zeit, in der Beziehungen oft auf die Probe gestellt werden, bietet dieses Buch praktische Werkzeuge und Einsichten, um Liebe und Verständnis zwischen Partnern zu vertiefen.

Das Buch gliedert sich in mehrere Abschnitte, die sich mit verschiedenen Aspekten einer glücklichen Partnerschaft befassen. Zunächst wird die Bedeutung gesunder Kommunikation hervorgehoben, die als Schlüssel zu jeder erfolgreichen Beziehung gilt. Die Leser lernen, wie sie Missverständnisse vermeiden und ihre Bedürfnisse klar sowie respektvoll ausdrücken können. Praktische Übungen werden vorgestellt, die leicht in den Alltag integriert werden können und darauf abzielen, die Bindung zwischen den Partnern zu stärken.

Ein weiterer zentraler Punkt ist die Entwicklung emotionaler Intelligenz und Empathie. Die Leser erfahren, wie sie die Perspektive ihres Partners besser verstehen und auf dessen Gefühle eingehen können, was das Verständnis und die Intimität fördert. Zudem behandelt das Buch Konfliktlösung und Kompromisse als wichtige Elemente für eine stabile Beziehung. Jedes Kapitel schließt mit praktischen Tipps und Reflexionsfragen ab, um den Lesern zu helfen, aktiv an ihrer Beziehung zu arbeiten.

Insgesamt ermutigt das Buch dazu, Verantwortung für die eigene Partnerschaft zu übernehmen und sofortige Fortschritte durch einfache Integration der Tipps in den Alltag zu erzielen.